体ポカポカ、頭スッキリ！
銀座のジンジャーから うまれた 生姜ドリンク&カフェ レシピ㊉

銀座のジンジャー

はじめに

　ここ数年、「体を温めることが美容や健康にプラスの効果をもたらす」という考えが、多くの人に広まっています。なかでも、薬効成分を多く含む生姜は、一時のブームを越えて、すっかり定番の食材となりました。

　それもそのはず。生姜生活をはじめてから、「冷え症が改善された」「太りにくくなった」「風邪を引きにくくなった」という体の変化を実感する人が、とても多いのです。

　しかし、効果を持続させるためには、生姜を毎日の生活に上手にとり入れなければなりません。そのためにいちばん大事なポイントは、「手軽においしく」ということではないでしょうか。

　私たち「銀座のジンジャー」は、生姜と数種類のスパイスを使った基本のシロップを中心に、柚子やはちみつ、レモン、いちごなど様々な食材をブレンドした、カラフルな生姜シロップシリーズを提供するお店。

　南仏プロヴァンス地方に工房を持っていたコンフィチュール（ジャム）作りの技術も、自慢のひとつです。

　銀座本店2Ｆのカフェでは、それらをアレンジしたドリンクやスイーツを提供し、生姜をよりよい形でとり入れるための情報発信局の役割も果たしたいと願っています。

　本書では、私たちが商品の発売から10年にわたって培ってきたオリジナルレシピを公開し、家庭でも簡単に作れるシロップやコンフィチュールの作り方をはじめ、それを活用したアレンジメニューの数々をお届けします。

　生姜ビギナーの方も、すでに生姜に魅せられている生姜ラーの方も、「手軽においしく」健康と美と若さを保つ生姜生活に、ぜひお役立てください。

銀座のジンジャースタッフ一同

生姜パワーの効果って？

生姜によって体が温まり代謝がアップすると、
様々な美容と健康効果があらわれます。
生姜生活を続けて、生姜パワーを実感しましょう。

❶ 冷えとり

　「冷えは万病の元」ともいわれ、体が冷えると全身の血行が悪くなり、肩こり、腰痛、生理不順、風邪を引きやすくなるなどの、様々な症状となってあらわれます。生姜は、血行をよくしてくれるので、体が温まり、困った症状が解消されます。この効果は、生姜を加熱や乾燥させるとさらに高くなります。

❷ ダイエット効果

　生姜を食べて体が温まると、新陳代謝が活発になりエネルギー消費量が多くなります。エネルギー消費量が増えれば、同じ量を食べても太りにくくなり、自然にダイエットにつながります。また、汗をかきやすくなるため、体内の余分な水分が排出されてむくみを解消。むくみが原因の、顔や下半身のポッチャリが改善されます。

❸ 免疫力アップ

　体温が上がって血行がよくなると、血液中の白血球の働きが活性化されて免疫力がアップします。体温が1℃下がると、免疫力は約30％低下するため、平熱が36.0℃以下の人は、とくに意識して生姜をとりましょう。また、生姜には抗菌作用もあるため、様々なウイルスや細菌の感染予防にも、効果が期待できます。

❹ デトックス

　体が芯から温まると、内臓機能もアップして、排尿や排便がスムーズに。発汗作用とともに体内の余分な毒素が体外に排出され、デトックスできます。生姜は食物繊維も豊富で、とくに便秘解消に効果的です。便とともに余分なコレステロールも排出され、肥満や肌荒れの改善にもつながります。

❺ アンチエイジング

　肌のシミやしわ、白髪は年齢とともに増えていきます。そのおもな原因は、活性酸素による体のサビ(酸化)。生姜には高い抗酸化作用もあり、体の活性酸素を除去して若々しい肌や髪を保ちます。酸化により血管も弱くなっていきますが、生姜は血管の健康を保ち、体のなかからも老化を予防します。

生姜のきほん

生姜には、大きく分けると
「根生姜」「新生姜」「葉生姜」の3種類があります。
美容と健康のためによい関係を築いていきたい生姜について、
効用や上手なとり方など、きほんを押さえておきましょう。

種類と選び方

●根生姜（ひね生姜）

通年出回り、最も使われています。土の上に伸びた葉が枯れはじめる10〜11月ごろ収穫し、貯蔵しながら随時出荷。新しいほどみずみずしく辛みが少なく、貯蔵期間が長くなるほど繊維質が硬くなり、辛みと旨みが増します。

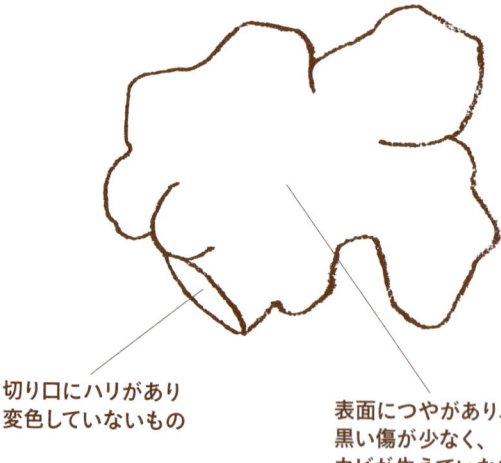

切り口にハリがあり変色していないもの

表面につやがあり、黒い傷が少なく、カビが生えていないもの

葉の付け根が鮮やかな赤色で、白い部分とのコントラストがはっきりしているもの

●新生姜

5〜7月ごろに収穫する根生姜のこと。成長したばかりの若い根茎のため、みずみずしく繊維がやわらか。辛みは少なくさわやかな風味を楽しめます。新生姜でシロップや甘酢漬けを作ると、ピンク色に仕上がります。

表面がみずみずしくハリがあり、傷やしわが少ないもの

葉の付け根の赤色が濃く、傷やしわがないもの

●葉生姜

生姜は根の大きさによって大・中・小に分けられ、葉生姜はおもに小生姜で作られます。成長しはじめの若い根茎を、葉を付けたまま収穫。品種としては谷中生姜が有名で、みそを付けてそのまま食べたり、しょうゆや甘酢漬けにします。

成分と働き

　生姜の薬効は、おもに辛みと香り成分のなかに含まれています。辛みのもとはジンゲロールという成分で、加熱または乾燥させると、化学反応を起こしてショウガオールに変化します。どちらにも血行をよくし、体を温め、発汗を促す作用がありますが、ショウガオールのほうが、体を芯から温める効果が高いことがわかっています。それぞれ性質が異なるため、漢方では生の生姜は「生姜」、乾燥させた生姜は「乾姜」と呼び、使い方を区別しています。

　辛み成分には抗菌作用や抗酸化作用も含まれており、抗菌作用はジンゲロール、抗酸化作用はショウガオールのほうが高いのが特徴です。

　香り成分のジンギベレンには発汗、保湿効果、シトロネラールには胃腸の機能を高める効果があります。

生の生姜に多く含まれます

ジンゲロール

乾燥　　　　　　　　　加熱

↓

ショウガオール

生姜を加熱または乾燥させるとショウガオールに

上手なとり方

　ジンゲロールとショウガオールはどちらも体を温めますが、多少効果が異なります。
　生の生姜の主成分であるジンゲロールは、手先や足先の血流をよくして素早く体を温めて発汗を促すため、風邪の引きはじめや発熱のときにおすすめです。ただし、ジンゲロールの成分は空気に触れると効果が薄れてしまうので、切りたてやおろしたてをとるようにします。
　一方、加熱または乾燥させた生姜に含まれるショウガオールは、胃腸を刺激して血流を活性化し、体を芯から温めます。また、活性酸素を除去する作用が高いため、慢性的な冷え症改善や免疫力アップ、アンチエイジングなどに利用しましょう。

注意点

　生姜は薬効に優れた食材ですが、刺激が強いため、毎日10g程度、多くとも20gを限度にとるようにします。

● [１日の目安量] 10g換算
１かけ …… 女性の手の親指の第１関節から指先までくらいの大きさ
すりおろし …… 小さじ１杯程度

Contents

はじめに　3

生姜パワーの効果って？　4
生姜のきほん　6
種類と選び方／成分と働き／上手なとり方／注意点
この本のルール　14

Part ❶
きほんのシロップ＆コンフィチュール　15

保存用きほんのレシピ
下準備　16
Ⅰ プレーンジンジャーシロップ　18
ジンジャージュース　20
Ⅱ 玄米甘麹ジンジャーシロップ　22
玄米甘麹ホットジンジャー　24
Ⅲ はちみつ生姜シロップ　26
Ⅳ 生姜コンフィチュール　28

Column
生姜の切り方　17
家庭用レシピと商品の違いは？　20
アルコール分ゼロの甘麹　24
ジンジャーチップスの作り方　30

Part ❷
ドリンクレシピ　31

Cold Drinks
ジンジャーエール　32
ミントジンジャーエール　33

カルピスソルトジンジャーエール　33
柚子はちみつジンジャーエール　34
バルサミコ酢ジンジャーエール　35
アジアンジンジャーエール　35
いちごミルクジンジャー　36
シトラスジンジャーソーダ　37
キウイ＆ビネガーソーダ　38
ピーチネクタージンジャーソーダ　39
マンゴーココナッツフローズン　40
アサイーフローズン　41
アボカド玄米ソイスムージー　42
フルーツジンジャースムージー　43
白のはちみつ生姜スムージー　44
ベリーベリーヨーグルトスムージー　45
グリーン野菜とミントスムージー　46
トマトとパプリカのレッドスムージー　47
玄米ソイジンジャー　48
チャイ風ソイラテ　49
カフェモカミルク　50
マンゴーラッシージンジャー　51

Hot Drinks

柚子ジンジャーティー　52
ミントとレモンバームのジンジャーティー　53
ローズヒップジンジャーティー　54
オレンジジンジャーティー　55
りんごはちみつジンジャーティー　56
スターアニスジンジャーティー　57
葛玄米ジンジャーティー　58
ジンジャーはちみつ梅緑茶　59
黒ごまきな粉ソイジンジャー　60
キャラメルジンジャーカフェオレ　61
ソイショコラジンジャー　62
ジンジャーミルクセーキ　63

Cocktails

ジンジャースプリッツァー　64
ハニージンジャーハイボール　65
レモンシャンディーガフ　66
シトラスジンジャーモヒート　67
ジンジャーヴァンショー　68

Part ❸
スイーツレシピ　69

Sweets

ジンジャー・トロペジェンヌ　70
ラズベリーヨーグルトソルベ　71
ベリーとナッツのジンジャーグラノーラ　72
オレンジパンナコッタ　74
米粉のジンジャーパンケーキ　76
ジンジャークッキー　78
ジンジャープリン　80
ジンジャーブラウニー　82
蓮と白玉のジンジャーシロップ　84
ジンジャー豆かん　86

Part ❹
カフェごはんレシピ　89

Café-Gohan

パンプキンサラダ　90
トマトと生姜の冷製パスタ　90
サーモン＆アボカド丼　92
ビーンズサラダ　92
野菜たっぷりリゾット　94
クリームチーズと生姜＆野菜のサンドイッチ　96
ガスパチョ　98

タコライス **100**
トムヤムクンスープ春雨 **102**
アジアンチキンライス **104**
ホワイトクリーム煮 **106**
はちみつジンジャードレッシング **108**
レモンジンジャードレッシング **108**
玄米チャイナドレッシング **109**
バルサミコソース **109**
フレッシュトマト入りスパイスソース **110**

Part ❺
ステップアップ！生姜生活 **111**

銀座のジンジャーのジンジャーシロップ **112**
人気のフレーバーベスト 10 ／幻のジンジャーシロップ
冬季限定から通年商品へ／ジンジャーシロップ開発秘話

生姜パワー活用法 **116**
生姜風呂／生姜湿布／生姜オイル

生姜の豆知識 **118**
生姜の歴史／ジンジャーブレッド誕生秘話／名前の由来
各地の生姜祭り／生姜の神社

銀座のジンジャーのスタッフが語る
実感！ 生姜パワー **88**
お気に入りシロップと楽しみ方 **115**

食材 INDEX **122**

この本のルール

アイコンの意味（レシピ名の前についています）

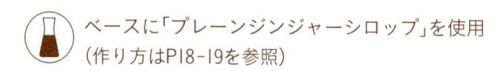

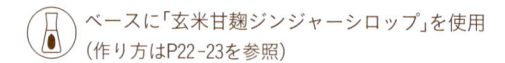

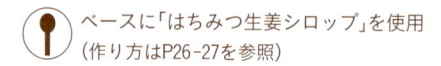

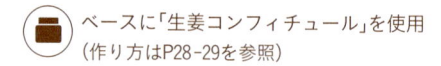

🧪 ベースに「プレーンジンジャーシロップ」を使用
（作り方はP18-19を参照）

🧪 ベースに「玄米甘麹ジンジャーシロップ」を使用
（作り方はP22-23を参照）

🥄 ベースに「はちみつ生姜シロップ」を使用
（作り方はP26-27を参照）

🫙 ベースに「生姜コンフィチュール」を使用
（作り方はP28-29を参照）

生姜レベル

♣から♣♣♣♣♣まで5段階あり、数が多いほど生姜の成分が多く含まれ、生姜パワーが強いことをあらわしています。

Chef's Point

作り方のポイントやアレンジメニューなどが書かれています。

- 材料の表記は、大さじ1＝15ml、小さじ1＝5mlです。
- 電子レンジの加熱時間は、500Wのものを使用した場合の目安です。600Wの場合は、加熱時間×0.8を目安にしてください。機種によって多少の差がありますので、様子をみながら加熱してください。
- 氷は明記していない場合もあります。好みで追加してください。
- とくに記載がない場合、バターは無塩、生クリームは動物性（乳脂肪）を使用しています。

Part 1

きほんのシロップ＆コンフィチュール

銀座のジンジャーが、
おいしいシロップやコンフィチュールのレシピを、
家庭向けにアレンジして大公開！
作りおきして、いつでも体ポカポカ生活を。

保存用

きほんのレシピ
下準備

① 保存びんを煮沸消毒。

保存には、煮沸消毒できる耐熱のふた付きのガラスびんを用意。びんがすっぽり入る大きさの鍋に湯を沸かし、沸騰したら30秒ほど煮沸して、予熱で水分を蒸発させてから使用する。

② 生姜の皮をむく。

表面を水でよく洗ったあと、大きな生姜はピーラー、小さな生姜はスプーンの背を使って薄く皮をむく。
＊生姜の皮にもジンゲロールなどの薬効成分が含まれていますが、雑菌が多いため、この本では保存することを考慮して皮をむいて使います。

--- Column ---

生姜の切り方

生姜は繊維に垂直に切ります。繊維を断ち切ることで、風味がより豊かになり、辛み成分も出やすくなります。すりおろすと、さらに風味と辛み成分が増します。

Chef's Point

びんのふたも必ず煮沸しましょう。高温になるので、やけどに注意してください。

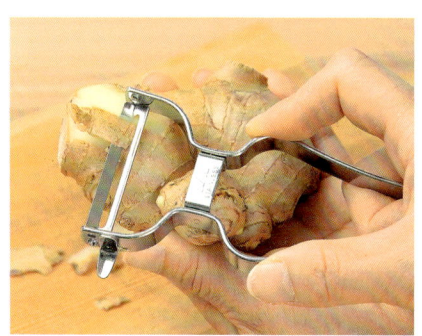

Chef's Point

むいた皮は捨てずに乾燥させ、入浴剤や湿布に利用しましょう(P116-117参照)。

保存用
きほんのレシピ Ⅰ

Chef's Point

苦手なスパイスがある人は、あらかじめ使用を控えるか、作り方の **3** で鍋を火からはずしたあと、生姜以外のスパイスをとり除きます。

プレーンジンジャーシロップ

生姜に数種類のスパイスをブレンドすることで、奥ゆきと深みのある味わいに仕上がります。

●材料(作りやすい量)
生姜(皮をむいたもの) 150g
黒こしょう(粒) 小さじ½
唐辛子 1½本
シナモンスティック ½本
クローブ 2粒
スターアニス(八角) 1片
グラニュー糖 250g
水 300ml

●作り方
1 生姜は薄切り、黒こしょうはまな板の上にキッチンペーパーを敷き、びんの底などでたたいてつぶす。唐辛子は種をとり除く。
2 鍋にすべての材料を入れて強火にかけ、沸騰したら弱火にして約10分煮込む。
3 鍋を火からはずし、2時間からひと晩おく。
4 3をさらしの布(キッチンペーパーでもOK)でこし、布に含まれたシロップもしっかり絞る。
5 4を鍋に移して強火にかけ、ひと煮立ちさせ、煮沸消毒したびん(P16参照)に入れる。
★保存は冷蔵室で、1週間を目安に使い切る。

Point
こして残ったスパイスは、生姜だけとり出し、ジンジャーチップスに(P30作り方参照)。またはP26のはちみつ生姜シロップの生姜と同じように使います。すぐ使わないときは冷凍保存しておきましょう。

きほんのレシピ I で作る
超簡単アレンジメニュー

 ## ジンジャージュース

**シンプルだからこそ、シロップのおいしさが際立ちます。
シロップができたら、このジュースで味チェックを。**

Chef's Point

プレーンジンジャーシロップができあがったら、まずは水で割って味を確認しましょう。シロップと水の比率は、1:4がおすすめ。お湯で割るとやや甘みを強く感じます。

--- Column ---
家庭用レシピと商品の違いは?

この本で紹介する「プレーンジンジャーシロップ」は、銀座のジンジャーで販売されている商品の味に近づけながら、家庭でも簡単に作れるよう考案されたレシピ。生姜とほかのスパイスのバランスが絶妙ながらも手作りらしい素朴な味を楽しめます。
商品では、生姜の下処理を特殊製法(残念ながら企業秘密)で行なっているため、雑味がとり除かれ、より洗練された味に仕上がっています。どちらも、それぞれのよさを楽しめます。

●材料(1人分)
プレーンジンジャーシロップ　40ml
水　160ml

●作り方
グラスにプレーンジンジャーシロップと水を注いで軽くかき混ぜる。好みで氷やレモンスライスを加えても。

生姜レベル 🙏🙏

保存用
きほんのレシピ Ⅱ

Chef's Point

甘酒の素でもある玄米甘麹作りは、温度管理をしながらゆっくり発酵させるのがポイント。玄米甘麹を作るのは面倒！という人は、市販品を使ってもOKです。

玄米甘麹ジンジャーシロップ

**栄養豊富な甘麹と生姜のミックス効果で
美と健康をサポートする魅力あふれるシロップです。**

◉材料(作りやすい量)
プレーンジンジャーシロップ(P19作り方参照)　500mℓ
炊きたての玄米　1合
水　200mℓ
米麹　100g
(固まったタイプの場合は、バラバラにもみほぐしておく)

◉炊飯器を使った作り方
1　玄米1合が炊けたら、炊きたてのうちに炊飯器から釜をはずす。釜の中に水を加えてよく混ぜ、温度計で測りながら、温度を約60℃から65℃にする。
2　1に米麹を加え混ぜ、再び釜を炊飯器にセットする。ふたを開けたまま保温機能をオンにして、上から乾いた布きんをかぶせる。
3　2の中身を約58℃前後に保ちながら、途中3〜4回混ぜ、約10時間保温する。
4　3をミキサーにかけなめらかにしてから、プレーンジンジャーシロップを加えてよく混ぜ合わせ、鍋に入れてひと煮立ちさせる。
5　4を煮沸消毒したびん(P16参照)に入れる。
★保存は冷蔵室で、1週間を目安に使い切る。

きほんのレシピ Ⅱ で作る
超簡単アレンジメニュー

🧴 玄米甘麹ホットジンジャー

甘麹のコクと旨みと生姜の風味が、体と心をほっこり温めてくれます。

Chef's Point

甘麹は「飲む点滴」といわれるほど栄養素が豊富。生姜効果もたっぷりのシロップをお湯で割れば、疲労や風邪の初期症状をやわらげてくれます。

Column

アルコール分ゼロの甘麹

甘麹は、塩麹、しょうゆ麹と同様に、麹を発酵させて作る発酵調味料です。お湯で割ると甘酒になるため、甘酒の素としても知られています。甘酒は、酒粕からも作れますが、こちらはかすかにアルコール分を含んでいるのに対し、甘麹から作られるものは、アルコール分はゼロ。アルコールが苦手な人も、安心して使用できます。

●材料（1人分）
玄米甘麹ジンジャーシロップ　40mℓ
湯　160mℓ

●作り方
カップに玄米甘麹ジンジャーシロップを入れ、お湯を注いで軽くかき混ぜる。

生姜レベル 🌶🌶

[保存用]
きほんのレシピ Ⅲ

Chef's Point

作りたてより3日目くらいからのほうがおいしくなります。はちみつは、生姜の風味に負けないふくよかで力強い味わいの、アカシアや百花蜜(様々な花の蜜をブレンドしたもの)がおすすめです。

はちみつ生姜シロップ

加熱したはちみつはサラサラに。生姜風味は、保存用レシピのなかでいちばん濃厚です。

●材料(作りやすい量)
生姜(皮をむいたもの)　100g
はちみつ　200mℓ

●作り方
1　生姜は2〜3mmの厚さに切る。
2　1の生姜を煮沸消毒した保存びん(P16参照)に入れ、全体が浸るようにはちみつを注ぎ、ふたを閉める。
3　保存びんがすっぽり入る鍋にお湯をたっぷり沸かす。沸騰したら弱火にして2を入れ、30分ほど煮込む。
4　お湯からとり出して冷ます。
★保存は冷蔵室で、2週間を目安に使い切る。

+ Point
はちみつ生姜シロップには生姜成分が溶け出していますが、生姜自体にも辛み成分がしっかり残っています。Part2以降のアレンジメニューでは、「はちみつ生姜シロップ」「はちみつ生姜シロップの生姜」として使い分けます。

保存用
きほんのレシピ Ⅳ

Chef's Point

同量の砂糖と生姜をしっかり煮詰めたコンフィチュールは、生姜の成分を含みつつもまろやかな味わい。砂糖代わりに様々なレシピに使いましょう。

生姜コンフィチュール

**果物で作ったコンフィチュールと同じように
パンにぬったり紅茶に入れたり、幅広く楽しめます。**

○材料(作りやすい量)
生姜(皮をむいたもの) 250g
グラニュー糖 250g
レモン汁 小さじ2

○作り方
1 生姜をすりおろす。フードプロセッサーを使用する場合は、繊維を断ち切るようにしっかりと。
2 1を鍋に入れ強火にかけ、沸騰したら中火にして1〜2分煮立たせる。
3 2にグラニュー糖、レモン汁を加え、再び沸騰したら弱火にし、底を時々かき混ぜながら約10分煮詰める。
4 粗熱がとれたら、煮沸消毒したびん(P16参照)に入れる。
★保存は冷蔵室で、2週間を目安に使い切る。

水分を飛ばしながら、焦げないように煮詰める。

- - - Column - - -

ジンジャーチップスの作り方

プレーンジンジャーシロップを作ると、シロップをこしたあとに生姜やスパイスが残ります(P19作り方参照)。このなかから生姜だけをとり出し、ジンジャーチップスを作りましょう。生姜には辛み成分とともに、ほどよい甘さとスパイスの旨みが含まれ、おいしいおやつに変身します。すぐ使わないときは、冷凍保存も可能です。

● 材料(作りやすい量)
プレーンジンジャーシロップをこして残った生姜
　(ほかのスパイスはとり除いたもの)　適量

● 作り方
1　天板にオーブンシートを敷き、オーブンは130℃に予熱する。
2　生姜をフライパンに入れて中火でから煎りし、水分を飛ばす。
3　表面が乾いてきたら、1の天板の上に生姜が重ならないように並べ、130℃で30分ほど様子をみながら加熱する。
4　焦げない程度に色よく焼きあがったら、オーブンから出して冷ます。冷めたら密封容器に移し、乾燥剤を入れる。
★ 保存は常温で、2週間を目安に食べ切る。

Part
2

ドリンクレシピ

きほんのシロップ&コンフィチュールを使えば、
おいしいジンジャー入りドリンクをいつでも簡単に作れます。
コールド、ホットドリンクからカクテルまで、
銀座のジンジャーのアレンジレシピをお届けします。

Cold Drinks

 ## ジンジャーエール

自家製ジンジャーエールは格別のおいしさ。
辛口が好みの人は、生姜をプラスしましょう。

Chef's Point

炭酸水は微発泡ではなく普通のタイプを。辛口（ドライ）にしたいときは、生姜を適量すって汁を絞り入れ、レモン果汁を小さじ1加えます。

● 材料（1人分）
プレーンジンジャーシロップ　40mℓ
炭酸水　160mℓ
レモンスライス　1枚

● 作り方
グラスにプレーンジンジャーシロップと炭酸水を注いで軽くかき混ぜ、レモンスライスを入れる。

生姜レベル ▲▲

ミント
ジンジャーエール
ミントとライムの香りで
気分をリフレッシュ！

◉材料(１人分)
プレーンジンジャーシロップ
　40mℓ
炭酸水　160mℓ
ミント　10枚
ライムスライス　１枚

◉作り方
グラスにプレーンジンジャーシロップと炭酸水を注いで軽くかき混ぜ、ミントとライムスライスを入れる。

生姜レベル 🌶🌶

カルピスソルト
ジンジャーエール
甘さ控えめの大人の味。
汗で失われた塩分補給も。

◉材料(１人分)
プレーンジンジャーシロップ
　20mℓ
カルピス(原液 ５倍希釈タイプ)
　20mℓ
レモン果汁　小さじ１
塩　ひとつまみ
炭酸水　160mℓ

◉作り方
グラスにプレーンジンジャーシロップ、カルピス、レモン果汁、塩を入れてよくかき混ぜ、塩が溶けたら炭酸水を注ぎ、軽く混ぜる。

生姜レベル 🌶

Cold Drinks

柚子はちみつジンジャーエール

季節を問わず、体の冷えは体調不良の原因に。
柚子＆生姜のダブル効果で冷えとりしましょう。

Chef's Point

柚子ジャムの代わりに柚子果汁でもOKです。その場合ははちみつ生姜シロップの量を、味をみながら増やしましょう。

● 材料（1人分）
はちみつ生姜シロップ　大さじ2
柚子ジャム　大さじ1
レモン果汁　小さじ1
炭酸水　150mℓ

● 作り方
グラスにはちみつ生姜シロップ、柚子ジャム、レモン果汁を入れ、炭酸水を注いで軽くかき混ぜる。

生姜レベル 🌶🌶🌶🌶

バルサミコ酢
ジンジャーエール
バルサミコ酢は、
血行をよくして肩こりを改善。

◉材料(1人分)
プレーンジンジャーシロップ
　40ml
バルサミコ酢　小さじ2
炭酸水　160ml

◉作り方
グラスにプレーンジンジャーシロップ、バルサミコ酢を入れて炭酸水を注ぎ、軽く混ぜる。

生姜レベル ♨♨

アジアン
ジンジャーエール
あらかじめ赤唐辛子をシロップに漬けておくと辛さがアップ。

◉材料(1人分)
プレーンジンジャーシロップ
　40ml
バジルシード　大さじ1
赤唐辛子　小1本
ライチ(缶詰)　1個
レモンスライス　1枚
炭酸水　150ml
ミント　適量

◉作り方
1 バジルシードを水(分量外)で戻す。赤唐辛子の種をとる。
2 グラスに1とプレーンジンジャーシロップ、ライチ、レモンスライスを入れて炭酸水を注ぎ、軽く混ぜ、ミントを飾る。

生姜レベル ♨♨

Cold Drinks

いちごミルクジンジャー

ピンク色のいちごミルクは人気の定番ドリンク。
ビタミンCや良質のたんぱく質でぷるぷるお肌に。

Chef's Point

いちごとジンジャーシロップをブレンドした「いちごジンジャーシロップ」は銀座のジンジャーでも定番人気。

● 材料（1人分）
プレーンジンジャーシロップ　大さじ2
いちご　5粒
牛乳　120mℓ

● 作り方
いちごのへたをとり、ミキサーにすべての材料を入れる。いちごが粗くつぶれるくらいまで回転させて、グラスに注ぐ。

生姜レベル 🔥🔥

シトラスジンジャーソーダ

3種類のかんきつ類のビタミンCがたっぷり。
炭酸の泡と香りがさわやかにはじけます。

●材料(1人分)
プレーンジンジャーシロップ　40ml
オレンジ　3房
グレープフルーツ　3房
レモン果汁　小さじ2
炭酸水　120ml

●作り方
1 オレンジとグレープフルーツは薄皮をむく。
2 グラスにプレーンジンジャーシロップ、レモン果汁を入れる。炭酸水を注いで軽くかき混ぜ、1を入れる。

生姜レベル ▲▲

Cold Drinks

🧪 キウイ&ビネガーソーダ

キウイの酵素とりんご酢の酸味が、食べ過ぎや食欲不振の胃をやさしくケア。

Chef's Point

緑色が鮮やかなグリーンキウイがおすすめです。量は好みで調整してください。

● 材料(1人分)
プレーンジンジャーシロップ　40ml
キウイ　50g
りんご酢　小さじ2
炭酸水　120ml

● 作り方
1　キウイの皮をむき、約1cm角に切る。
2　グラスにプレーンジンジャーシロップとりんご酢を入れ、炭酸水を注いで軽くかき混ぜる。
3　2に1のキウイを浮かべる。

生姜レベル ♨♨

ピーチネクタージンジャーソーダ

ピーチの甘い香りで心もとろ〜りいやされます。
食物繊維が豊富で、生姜パワーとともに便秘を解消。

Chef's Point

黄桃より白桃がおすすめです。女性好みなミルキー色の、さわやかな甘さに仕上がります。

●材料(1人分)
プレーンジンジャーシロップ　大さじ2
白桃(缶詰)　半割り1切れ
白桃缶詰のシロップ　大さじ2
レモン果汁　小さじ1
炭酸水　120mℓ

●作り方
1 ミキサーにプレーンジンジャーシロップ、白桃、白桃缶詰のシロップ、レモン果汁を入れ、なめらかにする。
2 グラスに1を入れ、炭酸水を注ぎ、軽く混ぜる。

生姜レベル 🌶🌶

Cold Drinks

マンゴーココナッツフローズン

トロピカルな楽しさが詰まったフローズン。
あと味にピリッと残る生姜が体を冷えからガード。

Chef's Point

マンゴーの代わりに市販のマンゴーピューレを使ってもOK。マンゴーピューレはドライマンゴーをお湯で戻し、なめらかになるまでミキサーにかけても作れます。

● 材料(1人分)
プレーンジンジャーシロップ　大さじ2
生姜コンフィチュール　大さじ1
マンゴー　1/5個(50g)
ココナッツミルク　大さじ2
牛乳　大さじ1
氷　100g

● 作り方
1　マンゴーの皮をむき、3cm大に切って凍らせる。
2　1とすべての材料をミキサーに入れ、4～5秒回転させて氷を粗く砕き、いったん止める。さらになめらかになるまで回転させてからグラスに注ぐ。

生姜レベル ♨♨♨

アサイーフローズン

アントシアニンたっぷりのアサイーが、
体の酸化を予防し、目の機能を高めます。

Chef's Point

アサイージュースは、できるだけ果汁の濃厚なものを使いましょう。

● 材料（1人分）
はちみつ生姜シロップ　大さじ2
はちみつ生姜シロップの生姜　2枚
バナナ　½本(50g)
アサイージュース(市販品)　50mℓ
レモン果汁　小さじ2
氷　100g

● 作り方
1 バナナは皮をむき、3cm大に切って凍らせる。
2 1とすべての材料をミキサーに入れ、4〜5秒回転させて氷を粗く砕き、いったん止める。さらになめらかになるまで回転させてからグラスに注ぐ。

生姜レベル ♦♦♦♦♦

Cold Drinks

アボカド玄米ソイスムージー

ビタミンEやイソフラボンたっぷりの、
強力なアンチエイジングドリンクです。

● 材料（1人分）
玄米甘麹ジンジャーシロップ　50mℓ
アボカド　½個(70g)
バナナ　¼本(25g)
豆乳　125mℓ
レモン果汁　小さじ1

● 作り方
1　アボカドは種をとって皮をむき、適当な大きさに切る。バナナは皮をむく。
2　1と残りの材料をすべてミキサーにかけ、なめらかになったらグラスに注ぐ。

生姜レベル ♨♨

フルーツジンジャースムージー

**フルーツの甘みと生姜の辛みが絶妙にマッチ。
腸内環境が整い、免疫力がアップします。**

Chef's Point

生姜コンフィチュールは、シロップを使ったときよりも生姜の辛みが存在感を主張。数種類のフルーツを使ったドリンクや甘めのドリンク向き。

● 材料(1人分)
生姜コンフィチュール　大さじ1
オレンジ　1/3個(50g)
バナナ　1/2本(50g)
白桃(缶詰)　半割り1切れ
牛乳　100mℓ

● 作り方
1 オレンジ、バナナは皮をむき、適当な大きさに切る。
2 1と残りの材料をすべてミキサーにかけ、なめらかになったらグラスに注ぐ。

生姜レベル ♨♨♨

Cold Drinks

🥄 白のはちみつ生姜スムージー

食欲がないときもこれ一杯で
たんぱく質とビタミン、ミネラルを補えます。

Chef's Point

セロリの臭みはほとんどなく、さわやかさだけが残るので、セロリ嫌いの人にもぜひ試していただきたいドリンクです。

● 材料（1人分）
はちみつ生姜シロップ　大さじ2
はちみつ生姜シロップの生姜　3枚
りんご　1/4個
バナナ　1/4本(25g)
木綿豆腐　1/4丁
セロリ　15g
牛乳　100mℓ

● 作り方
1 りんごは皮をむき、芯をとる。バナナは皮をむき、適当な大きさに切る。豆腐、セロリは3cm大に切る。
2 1と残りの材料をすべてミキサーにかけ、なめらかになったらグラスに注ぐ。

生姜レベル ★★★★★

ベリーベリーヨーグルトスムージー

ベリーのビタミンと抗酸化成分がたっぷり。
酸味もほどよく、毎朝飲みたい美肌ドリンクです。

Chef's Point

銀座のジンジャーでは、春の定番商品として「ベリーベリージンジャーシロップ」を扱っています。これを使えば、より簡単に作れます。

● 材料（1人分）
プレーンジンジャーシロップ　大さじ2
ミックスベリー（冷凍）　50g
ヨーグルト（無糖）　50g
牛乳　50ml

● 作り方
すべての材料をミキサーにかけ、なめらかになったらグラスに注ぐ。

生姜レベル ♨♨

Cold Drinks

グリーン野菜とミントスムージー

野菜不足を感じたときの強い味方。
パセリとミントの消臭効果で息もスッキリ。

Chef's Point

小松菜はアクもクセもなく、ジュースに使いやすい野菜です。パセリやミントとともに抗酸化作用が高いので、風邪予防や疲労回復に効果があります。

● 材料（1人分）
はちみつ生姜シロップ　大さじ2
はちみつ生姜シロップの生姜　2枚
小松菜　1株
バナナ　½本(50g)
グレープフルーツ　¼個(50g)
パセリ　5g
ミント　10枚
水　100mℓ

● 作り方
1 小松菜は根元を除き、長さを4等分に切る。バナナ、グレープフルーツは皮をむき、適当な大きさに切る。
2 1と残りの材料をすべてミキサーにかけ、なめらかになったらグラスに注ぐ。

生姜レベル ♣♣♣♣♣

トマトとパプリカのレッドスムージー

お肌のくすみやたるみが気になるときに、
トマトとパプリカの抗酸化パワーがレスキュー。

Chef's Point

かんきつ類の薄皮には、抗酸化成分のポリフェノールや食物繊維のペクチンが豊富。ミキサーにかけるときはあえて残します。

● 材料（1人分）
プレーンジンジャーシロップ　40ml
完熟トマト（中）　½個
パプリカ（赤）　¼個（30g）
グレープフルーツ（ルビー）　¼個
水　75ml

● 作り方
1 トマトはへたをとり、パプリカは種を除く。グレープフルーツは皮をむき、3cm大に切る。
2 1と残りの材料をすべてミキサーにかけ、なめらかになったらグラスに注ぐ。

生姜レベル ♨♨

Cold Drinks

玄米ソイジンジャー

甘麹と豆乳が脂肪やコレステロールの吸収を抑制。
食事の前に飲むとダイエットに効果的。

Chef's Point

さらに抹茶を大さじ1加えると、「玄米ソイ抹茶ジンジャー」になります。豆乳は水より味が濃厚なので、シロップをやや多めに使います。

● 材料（1人分）
玄米甘麹ジンジャーシロップ　50ml
豆乳　150ml

● 作り方
グラスに玄米甘麹ジンジャーシロップと豆乳を注いで軽くかき混ぜる。

生姜レベル 🔥🔥

チャイ風ソイラテ

カルダモンには消化＆消臭を促す効果があり、食後ティーに最適です。

Chef's Point

シロップにスパイスの風味が残っているので、カルダモンパウダーを振るだけでチャイ風に。シナモンパウダーでもOKです。

● 材料（1人分）
プレーンジンジャーシロップ　40ml
豆乳　80ml
アイスティー　80ml
カルダモンパウダー　少々

● 作り方
グラスにプレーンジンジャーシロップ、豆乳、アイスティーを注いで軽くかき混ぜ、カルダモンパウダーを振る。

生姜レベル 🌶🌶

Cold Drinks

カフェモカミルク

ポリフェノールと生姜のダブル効果で
腸内環境を整え、ゆるやかにデトックス。

●材料(1人分)
プレーンジンジャーシロップ　大さじ2
チョコレートソース　大さじ2
牛乳　80mℓ
アイスコーヒー(無糖)　80mℓ

●作り方
グラスにプレーンジンジャーシロップとチョコレートソースを入れてよくかき混ぜ、牛乳とアイスコーヒーを注いで軽く混ぜる。

生姜レベル

マンゴーラッシージンジャー

**栄養豊富なマンゴーは美肌作りを助け、
むくみや便秘を解消する女性の強〜い味方です。**

Chef's Point

マンゴーが安いときに購入し、種と皮を除いてなめらかになるまでミキサーにかければ、マンゴーピューレのできあがり。冷凍保存できます。

● 材料（1人分）
はちみつ生姜シロップ　大さじ2
ヨーグルト（無糖）　大さじ3
マンゴーピューレ　大さじ2
牛乳　80mℓ

● 作り方
グラスにはちみつ生姜シロップ、ヨーグルト、マンゴーピューレを入れてよくかき混ぜ、牛乳を注いで軽く混ぜる。

生姜レベル ♠♠♠♠

Hot Drinks

柚子ジンジャーティー

ビタミンCが豊富でリラックス効果も。
ストレスを感じる毎日のティータイムに。

Chef's Point

柚子と生姜の相性は抜群で、「柚子ジンジャーシロップ」は銀座のジンジャーでも大人気。柚子が手に入らない時季に、ぜひご利用ください。

● 材料（1人分）
プレーンジンジャーシロップ　大さじ2
柚子の皮　少々
柚子果汁　小さじ2
お湯　150ml

● 作り方
1　柚子の皮をせん切りにする。
2　カップにプレーンジンジャーシロップと柚子果汁、1を入れてお湯を注ぐ。

生姜レベル ♨♨

ミントとレモンバームのジンジャーティー

**ハーブの効果が食中毒を予防し、消化を助けます。
胃腸が弱い人におすすめです。**

●材料(1人分)
プレーンジンジャーシロップ　大さじ2
ミント　5枚
レモンバーム　5枚
お湯　150ml

●作り方
1 よく洗ったミントとレモンバームを粗めに刻んでポットに入れる。
2 1にお湯を入れ、約3分蒸らす。
3 カップにプレーンジンジャーシロップを入れ、2を注いで混ぜる。

生姜レベル 🌶🌶

Hot Drinks

ローズヒップジンジャーティー

ホルモンバランスを整え、老化を予防する、
女子力アップのスペシャルドリンクです。

●材料(1人分)
はちみつ生姜シロップ　大さじ2
ローズヒップティー　120mℓ

●作り方
カップにはちみつ生姜シロップを入れ、温かいローズヒップティーを注いで軽く混ぜる。

生姜レベル ♣♣♣♣

オレンジジンジャーティー

**オレンジのまろやかな酸味と、紅茶、
シロップのバランスが心地よいくつろぎティー。**

●材料(1人分)
プレーンジンジャーシロップ　大さじ2
オレンジジュース　50ml
紅茶　120ml

●作り方
鍋にすべての材料を入れて弱火にかけ、温まったらカップに注ぐ。

生姜レベル ♨♨

Hot Drinks

🥄 りんごはちみつジンジャーティー

**すりおろしりんごの甘酸っぱい香りと味が、
疲れた心と体をほっこりいやしてくれます。**

Chef's Point

すりおろしたりんごは、加熱すると酸味が弱まり甘みが増します。粘膜の修復効果が高いので、お腹を下したり風邪を引いたときの処方にも。

●材料(1人分)
はちみつ生姜シロップ　大さじ2
はちみつ生姜シロップの生姜　1枚
すりおろしりんご　80g
レモン果汁　小さじ1
水　120mℓ

●作り方
鍋にすべての材料を入れて弱火にかけ、温まったらカップに注ぐ。

生姜レベル 🔥🔥🔥🔥

🧪 スターアニスジンジャーティー

タミフルの材料にも使われるスターアニスが、ウイルスや細菌から守ってくれます。

Chef's Point

スターアニスの香りが好きな方や、薬効をさらに抽出したい方は、途中でとり出す必要はありません。

●材料(1人分)
プレーンジンジャーシロップ 大さじ2
紅茶 120mℓ
スターアニス(八角) 1片

●作り方
カップにプレーンジンジャーシロップを入れ、温かい紅茶を注いでスターアニスを加える。スターアニスは香りが出たらとり出す。

生姜レベル 🌶🌶

Hot Drinks

葛玄米ジンジャーティー

発熱をともなう風邪に活躍。
葛と生姜が発汗を促し、熱を下げる働きをします。

Chef's Point
とろみがついて保温性が高まっているので、やけどに注意してください。スプーンで冷ましながら少しずつ飲みましょう。

● 材料（1人分）
玄米甘麹ジンジャーシロップ　40㎖
葛粉　小さじ1
水　120㎖

● 作り方
鍋にすべての材料を入れてよく混ぜ、中火にかける。とろみがついて透明になるまでよく混ぜながら温め、カップに移す。

生姜レベル 🔥🔥

ジンジャーはちみつ梅緑茶

生姜と梅と緑茶のトリプルパワーで
二日酔いの回復を早めます。

Chef's Point

緑茶は濃いめにいれて、つぶした梅干しは混ぜながら飲むのがおすすめ。

●材料(1人分)
はちみつ生姜シロップ　大さじ1
はちみつ生姜シロップの生姜　3枚
梅干し(中)　1個
緑茶　120mℓ

●作り方
1　梅干しの種をとり除いて実をカップに入れ、スプーンで細かくつぶす。
2　はちみつ生姜シロップと生姜をカップに加え、熱い緑茶を注いで混ぜる。

生姜レベル ▲▲▲

Hot Drinks

🥄 黒ごまきな粉ソイジンジャー

黒ごまの抗酸化パワーとイソフラボンが
老化を防いでつやのある黒髪と白肌をキープ。

Chef's Point

時間に余裕があるときは、黒ごまは煎りごまを使いましょう。ごまを軽く煎ると、より香ばしくおいしくいただけます。

● 材料(1人分)
はちみつ生姜シロップ　大さじ2
黒すりごま　小さじ1
きな粉　大さじ1
豆乳　150mℓ

● 作り方
カップにはちみつ生姜シロップ、黒すりごま、きな粉を入れ、温めた豆乳を注いで混ぜる。

生姜レベル 🔥🔥🔥🔥

キャラメルジンジャーカフェオレ

電子レンジで加熱すると、
キャラメルシロップ入りドリンクが簡単に。

● 材料（1人分）
プレーンジンジャーシロップ　大さじ2
牛乳　150ml
キャラメル　2粒
インスタントコーヒー　大さじ1

● 作り方
1　耐熱容器に牛乳とキャラメルを入れて電子レンジで2分ほど加熱し、キャラメルが溶けるまでよく混ぜる。
2　鍋に1と残りの材料を入れて弱火にかけ、温まったらカップに注ぐ。

生姜レベル ♨♨

Hot Drinks

ソイショコラジンジャー

ココアの食物繊維で腸内環境を整え、素肌美人を目指しましょう。

Chef's Point

ホイップクリームは、ミキサーに生クリームと砂糖を適量入れて1〜2分回転させると、あっという間にできあがります。

●材料(1人分)
プレーンジンジャーシロップ　40ml
ココア　大さじ1
豆乳　150ml
ホイップクリーム(市販品)　適量
シナモンパウダー　少々

●作り方
1 鍋にプレーンジンジャーシロップ、ココア、豆乳を入れて中火にかけ、温まったらカップに注ぐ。
2 1にホイップクリームをのせ、シナモンパウダーを振る。

生姜レベル

ジンジャーミルクセーキ

卵黄は脳の働きを活性化して記憶力をアップ。
デスクワークのブレイクタイムに一杯を。

● 材料（1人分）
プレーンジンジャーシロップ　40ml
牛乳　160ml
卵黄　1個分
バニラエッセンス　少々

● 作り方
1 鍋にプレーンジンジャーシロップ、牛乳、卵黄を入れてよくかき混ぜ、中火にかけて混ぜながら温める。
2 とろみがついてきたらバニラエッセンスを振り入れて軽く混ぜ、茶こしでこしながらカップに注ぐ。

生姜レベル 🌶🌶

Cocktails

ジンジャースプリッツァー

スプリッツァーにシロップをプラスすると、マイルドで飲みやすい口あたりに。

Chef's Point

ライムは絞って飲むと、香りが広がりおいしくなります。そのため、薄切りではなくくし切りを添えます。

● 材料(1人分)
プレーンジンジャーシロップ　大さじ2
白ワイン　70mℓ
炭酸水　100mℓ
ライム(くし切り)　1切れ

● 作り方
1　グラスにプレーンジンジャーシロップと白ワインを入れて混ぜる。
2　1に氷(分量外)を入れ、炭酸水を注いで軽く混ぜ、ライムを浮かべる。

生姜レベル ▲▲

ハニージンジャーハイボール

シロップの旨みでコクのあるハイボールに。
生姜パワーが悪酔いを防ぎます。

● 材料(1人分)
はちみつ生姜シロップ　大さじ2
ウイスキー　40ml
炭酸水　160ml
レモンスライス　1枚

● 作り方
1　グラスにはちみつ生姜シロップ、ウイスキーを入れて混ぜる。
2　1に氷(分量外)を入れ、炭酸水を注いで軽く混ぜ、レモンスライスを浮かべる。

生姜レベル 🔥🔥🔥🔥

Cocktails

🧪 レモンシャンディーガフ

ビールをジンジャーエールで割るのが基本。
イギリスのパブで人気のビアカクテルです。

Chef's Point

ビールの銘柄はお好みで。ただし黒ビールはおすすめしません。

● 材料（1人分）
プレーンジンジャーシロップ　大さじ2
レモン果汁　小さじ2
炭酸水　110mℓ
ビール　150mℓ
レモン（くし切り）　1切れ

● 作り方
グラスにプレーンジンジャーシロップとレモン果汁を入れ、炭酸水、ビールの順に注いで軽く混ぜ、レモンを添える。

生姜レベル 🌶🌶

シトラスジンジャーモヒート

リラックス効果の高いミントをたっぷり入れ、
1日の疲れを吹き飛ばしましょう。

●材料(1人分)
プレーンジンジャーシロップ　大さじ2
ホワイトラム酒　大さじ2
レモンスライス(半月切り)　1枚
オレンジスライス(半月切り)　1枚
ライムスライス(半月切り)　1枚
ミント　10枚
炭酸水　150mℓ

●作り方
1 グラスにプレーンジンジャーシロップとホワイトラム酒を入れて混ぜ、氷(分量外)、レモンスライス、オレンジスライス、ライムスライス、ミントを入れる。
2 1に炭酸水を注ぎ、軽く混ぜる。

生姜レベル ♨♨

Cocktails

🧪 ジンジャーヴァンショー

**体が冷え切ったときの特効ドリンク。
ホットワインと生姜でポカポカに。**

Chef's Point

沸騰させるとアルコール分が飛んでしまうので、沸騰直前で火を止めます。シナモンスティックで、オレンジをつぶしながら飲みましょう。

● 材料（1人分）
プレーンジンジャーシロップ　大さじ2
赤ワイン　120mℓ
オレンジ（1cm幅の半月切り）　2枚
シナモンスティック　1本

● 作り方
鍋にプレーンジンジャーシロップ、赤ワイン、オレンジを入れて弱火にかけ、温まったら耐熱性のグラスに注ぎ、シナモンスティックを添える。

生姜レベル 🔺🔺

Part
3

スイーツレシピ

きほんのシロップ＆コンフィチュールが、
砂糖やはちみつ代わりに大活躍！
かすかに残る生姜の刺激がクセになる、
プレゼントにもおすすめのレシピがいっぱいです。

Sweets

ジンジャー・トロペジェンヌ

南仏生まれのパン菓子を銀座のジンジャー風にアレンジ。
さわやかな辛みがアクセントに。

Chef's Point

銀座のジンジャー本店カフェの人気メニューです。ブリオッシュの代わりにバターロールを使っても。

● 材料（2人分）
プレーンジンジャーシロップ　大さじ2
生姜コンフィチュール　小さじ4
ブリオッシュ（市販品）（直径6〜7cmの丸形）　2個
お好みのジャム　小さじ4
ホイップクリーム　適量

● 作り方
1　ブリオッシュを横半分に切り、切った面それぞれにプレーンジンジャーシロップ大さじ1を分けてぬる。
2　1の下半分の切った面に生姜コンフィチュール小さじ2とお好みのジャム小さじ2をぬり、ホイップクリームをのせ、上半分のブリオッシュをのせる。
3　1〜2の手順でもう1個作って皿に盛り、あればミントを飾る。

生姜レベル ♣♣♣

ラズベリーヨーグルトソルベ

甘くて酸っぱくって冷た〜い！
でも生姜パワーで体は冷やしません。

●材料（2人分）
プレーンジンジャーシロップ　100ml
ラズベリー（冷凍）　100g
ヨーグルト（無糖）　100g

●作り方
1 すべての材料をミキサーにかけ、なめらかにする。
2 1をバットなどに流し入れ、冷凍室で凍らせる。
3 2が固まったらとり出し、スプーンで混ぜて空気を含ませ、もう一度冷凍室で冷やし固める。
4 3を器に盛り、あればミントを飾る。

生姜レベル ♨♨♨

Sweets

Chef's Point

ジンジャーグラノーラを深めの器に盛り、その上にひと口大に切ったお好みのフルーツをのせ、P41のアサイーフローズンをかければ「アサイーボウル」のできあがり。

ベリーとナッツの
ジンジャーグラノーラ

生姜入りグラノーラならダイエット効果も大。
たくさん作ってお友達にプレゼントしても。

○材料(作りやすい量／できあがり約350g)
はちみつ生姜シロップ　25mℓ
はちみつ生姜シロップの生姜　2枚
アーモンド(4つ割り)　25g
くるみ(4つ割り)　25g
カシューナッツ　25g
オーツ麦(オートミール)　150g
ココナッツファイン　10g
オリーブオイル　小さじ1
塩　少々
A｜パンプキンシード　15g
　｜ドライいちじく(5mm角切り)　25g
　｜ドライブルーベリー　25g
　｜ドライクランベリー　25g

○作り方
1 シロップの生姜をみじん切りにする。
2 アーモンド、くるみ、カシューナッツを170℃に予熱したオーブンで7～8分焼く。
3 ボウルに1、2とオーツ麦、ココナッツファイン、はちみつ生姜シロップ、オリーブオイル、塩を入れて混ぜ合わせる。
4 天板に3を均一に広げ、170℃に予熱したオーブンで、時々混ぜながら約30分焼く。
5 4が熱いうちにAを加え、混ぜ合わせて完全に冷ましてから密閉容器に入れる。
★はちみつが入っているため湿気やすいので、乾燥剤を入れて保存する。

生姜レベル ▲▲▲▲

Sweets

Chef's Point

オレンジの皮を使うときは、できるだけ農薬等の少ないものを選び、表面の皮を塩でこすったあと、水でよく洗ってから使いましょう。

オレンジパンナコッタ

**なめらかでひんやりした食感が心地よく、
オレンジのすがすがしい香りにいやされます。**

●材料(150mℓの容器2個分)
プレーンジンジャーシロップ　50mℓ
粉ゼラチン　5g
オレンジの皮　1/4個分
オレンジ　6房
牛乳　100mℓ
生クリーム　100mℓ

●作り方
1 粉ゼラチンを水(分量外)で戻す。オレンジの皮をすりおろし、オレンジの房から実をとり出す。
2 鍋にプレーンジンジャーシロップ、牛乳、生クリームを入れ、泡立て器で混ぜながら中火にかけ、沸騰したら火から下ろす。
3 2の温度が70℃に下がったら、1のゼラチンとオレンジの皮を入れ、よく混ぜる。
4 3を2つの器に注ぎ入れ、冷蔵室で冷やし固める。固まったら1のオレンジを飾り、あればミントを添える。

生姜レベル ♨♨

Sweets

Chef's Point

トッピングには生姜バターを使うとよりおいしくなります。バター適量を常温に戻し、バターと生姜コンフィチュールを７：３の割合で混ぜ合わせて作ります。

米粉のジンジャーパンケーキ

トッピングはワクワクする瞬間。
ベリーと粉糖をあしらえばキュートな雰囲気に。

●材料(2人分／6枚分)
生姜コンフィチュール　大さじ2
卵　2個
牛乳　160㎖
米粉　200g
ベーキングパウダー　8g
グラニュー糖　30g
オリーブオイル　大さじ2
バター　適量

(トッピング用)
はちみつ生姜シロップ　適量
いちご　適量
ラズベリー　適量
ブルーベリー　適量
粉糖　適量

●作り方
1 ボウルにバター以外の材料を入れ、泡立て器でよく混ぜ合わせる。
2 フライパンを火にかけてバターを溶かし、1をお玉で1枚分ずつ流し入れて弱火で焼く。
3 表面にプツプツ穴があいてきたら裏返し、弱火でさらに1分ほど焼く。
4 3をお皿に盛り、トッピング用のベリーを散らす。好みではちみつ生姜シロップをかけ、粉糖を茶こしに入れて振る。

生姜レベル 🔥🔥🔥

Sweets

Chef's Point

棒状に成形したアイスボックスクッキーは、生地の状態で冷凍保存して、食べたいときに食べたい分だけ切り分けて焼けるので重宝します。

ジンジャークッキー

ジンジャーシロップで作ると
生姜風味がまろやかになり、甘さにコクが出ます。

●材料(約16枚分)
プレーンジンジャーシロップ　50mℓ
薄力粉　120g
バター　70g
砂糖　10g

●作り方
1 薄力粉をふるい、バターを常温に戻す。
2 1のバターをボウルに入れ、泡立て器でクリーム状になるまで混ぜる。
3 2に砂糖を入れてなめらかになるまで混ぜ、プレーンジンジャーシロップを加えてよく混ぜる。さらに1の薄力粉を入れ、さっくり混ぜる。
4 3の生地をラップに包み、冷蔵室で30分ほど冷やす。ラップをはずし、生地を転がしながら直径4～5cmくらいの棒状に成形する。再びラップで包み、冷凍室で約1時間以上冷やし固める。
5 4のラップをはずし、5～7mmの厚さに切る。天板に並べ、170℃に予熱したオーブンで約20分焼く。

生姜レベル ♨♨

Sweets

ジンジャープリン

**いくつになっても食べたい永遠のおやつ。
生姜が入って少し大人の味。**

● 材料（90mlのカップ2個分）
はちみつ生姜シロップ　大さじ1
はちみつ生姜シロップの生姜　2枚
卵黄　2個分
グラニュー糖　大さじ1
牛乳　120ml
バニラエッセンス　少々

（カラメルソース用）
グラニュー糖　大さじ1
水　少々

● 作り方
1 厚手の小鍋にカラメルソース用のグラニュー糖と水を入れ、鍋をゆっくり回しながら中火にかけ、砂糖を溶かす。焦げ茶色になったらすぐ火を止め、冷ます。シロップの生姜をみじん切りにする。
2 1のカラメルソースを2等分して、カップの底に流し入れる。
3 ボウルに卵黄を入れて泡立て器でほぐし、グラニュー糖を加えてよく混ぜる。牛乳、バニラエッセンスを加えて混ぜ合わせる。
4 2に1の生姜を入れ、3を茶こしでこしながら半量ずつカップに流し入れ、アルミホイルでふたをする。
5 鍋にカップが半分つかるくらいの水を入れて沸騰させ、4を入れてふたをし、弱火で約10分蒸す。火を止めて、そのまま5分おく。粗熱がとれたら鍋から出して常温まで冷まし、アルミホイルをはずして冷蔵室で冷やす。
6 5を冷蔵室から出し、カップからはずして器に盛る。

生姜レベル ♨♨

Sweets

Chef's Point

ちょうどよい型がないときは、アルミホイルを18cm角の深さ4cmくらいに成形して使いましょう。

ジンジャーブラウニー

**チョコとくるみがおいしくコラボレーション。
焼いた当日より、1～2日後が食べごろです。**

◎材料(18cm角の型で6cm角9個分)
生姜コンフィチュール　60g
牛乳　20mℓ
卵　2個
A｜薄力粉　70g
　｜ベーキングパウダー　1g
くるみ　40g
板チョコ・ブラック(市販品)　110g
バター　70g

◎作り方
1 牛乳と卵は室温に戻し、卵を割りほぐす。Aを合わせてふるう。くるみを天板にのせ、160℃に予熱したオーブンで約10分から焼きする。
2 ボウルに細かく割った板チョコ、バターを入れて湯煎にかけて溶かす。
3 別のボウルに1の牛乳と卵、生姜コンフィチュールを入れ、泡立て器でかき混ぜる。
4 2に3を、泡立て器でかき混ぜながら少しずつ加える。1のAと、くるみの半量を入れてさっくり混ぜる。
5 型に4を流し込み、残ったくるみを散らす。170℃に予熱したオーブンで、約20分焼く。焼き上がったら網の上で冷まし、型からはずして9等分に切る。

生姜レベル 🌶🌶🌶🌶🌶

Sweets

Chef's Point

よく冷やしたほうがおいしいので、できあがったら器ごと冷蔵室で30分ほど冷やしてからいただきましょう。

蓮と白玉のジンジャーシロップ

鮮やかな赤色のクコの実が、彩りとともに
アンチエイジング効果をプラスします。

● 材料(2人分)
プレーンジンジャーシロップ　60mℓ
はちみつ生姜シロップの生姜　適量
クコの実　10粒
A｜白玉粉　80g
　｜水　80mℓ
レンコン(1mm厚さの半月切り)　10枚
水　180mℓ

● 作り方
1　クコの実は水(分量外)で戻す。シロップの生姜はせん切りにする。
2　ボウルにAを入れ、耳たぶくらいの硬さになるまでこね、12等分して丸め、中央を指で押さえて楕円形にする。
3　鍋にたっぷりの水を入れて沸騰させ、2の白玉を入れて浮かび上がってから1分くらいしたらたっぷりの氷水にとり、水気をきる。同じお湯でレンコンをサッとゆで、冷ましておく。
4　器にプレーンジンジャーシロップと水を注ぎ、3の白玉とレンコンを入れる。さらに1のクコの実を浮かべ、生姜を飾る。

生姜レベル 🌶🌶

Sweets

Chef's Point

ジンジャーシロップのおいしさを生かすため、みつ豆ではなく、あえて豆と寒天だけのシンプルな豆かんを紹介しました。

ジンジャー豆かん

**低カロリーで食物繊維たっぷりの寒天と豆は
ダイエット中のおやつにぴったり。**

●材料（2人分）
プレーンジンジャーシロップ（寒天用）　80mℓ
プレーンジンジャーシロップ（黒蜜用）　50mℓ
寒天パウダー　4g
水（寒天用）　320mℓ
黒糖　100g
水（黒蜜用）　50mℓ
赤えんどう豆（缶詰）　70g

●作り方
1 鍋に寒天パウダー、寒天用の水とプレーンジンジャーシロップを入れ、混ぜながら火にかける。沸騰したら2分ほど混ぜて煮溶かす。
2 1を缶などの型に流し入れ、粗熱がとれたら冷蔵室に入れて冷やし固める。
3 2を型からはずして約1.5cm角に切り、再び冷蔵室で冷やす。
4 鍋に黒蜜用のプレーンジンジャーシロップ、黒糖、水を入れて、混ぜながら火にかける。黒糖が溶けたら火から下ろして粗熱をとり、冷蔵室で冷やす。
5 器に3の寒天と赤えんどう豆を盛り付け、4の黒蜜シロップをかける。

生姜レベル ♨♨♨♨

銀座のジンジャーのスタッフが語る

実感！ 生姜パワー

仕事柄、生姜やジンジャーシロップをとる
機会の多いスタッフが、
頻繁にとるようになって感じた体や生活の変化を紹介します。

●やはり温め効果がいちばん

★寝る前にホットでジンジャーシロップを飲んでいたら、翌朝も体が温かく、冷え症が改善されました。（銀座三越店・斎藤さん）
★冬は寒い仕事場ですが、ジンジャーシロップを飲むと、すぐ体がポカポカして動きやすくなります。（物流部・村田さん）
★よく汗をかくようになりました。（グランスタ店・廣田さん）

●胃腸、美肌に効いた

★あまり食欲がないときも、食事に生姜をとり入れると食欲が戻るようになりました。消化不良も改善してくれる気がしています。（デザインチーム・寺本さん）
★季節を問わずお腹の調子が悪いとき、口内炎、肌荒れ、夏バテなどのとき、常備薬代わりに使うようになりました。（通販ショップ・江曽さん）

●体質の改善を感じた

★以前は1年に1回は風邪を引いていましたが、今は4〜5年に1回くらいのペースになりました。（製造部・杉山さん）
★基礎体温が上がり、免疫力がアップした気がします。（スカイツリータウン店・大賀さん）

●これも変化？ とにかく生姜大好きに

★生姜の辛みに鈍感になりました。（衛生品質管理室・天田さん）
★何にでも生姜を使えるようになりました(笑)。（デザインチーム・田中さん）

Part

4

カフェごはんレシピ

自宅でカフェ気分を味わえる、
野菜たっぷりのヘルシーメニューをセレクト。
生姜のコクと旨みがおいしさを引き立て、
生姜パワーが毎日の健康と美しさを支えます。

Chef's Point

パンプキンサラダは、ベーコンをカリカリになるまで炒めるのがおいしさの秘訣。味に深みが出る、厚切りのほうがおすすめです。

パンプキンサラダ

抗酸化パワーたっぷりサラダでもっちり素肌に。

●材料(2人分)
生姜コンフィチュール　大さじ1
ベーコン　1枚
かぼちゃ　200g
カシューナッツ　15g
サラダ油　小さじ1
A｜マヨネーズ　大さじ1
　｜塩、こしょう　各少々
イタリアンパセリ　少々

●作り方
1 ベーコンは約5mm幅に切る。かぼちゃは皮をむいて4等分にし、ラップをして電子レンジで4～5分加熱後、細かくつぶす。カシューナッツはフライパンでから煎りし、粗く刻む。
2 フライパンにサラダ油を入れて熱し、1のベーコンをカリカリになるまで弱火で炒める。
3 1のかぼちゃとカシューナッツ、2を合わせ、生姜コンフィチュールとAで和える。器に盛り、粗く刻んだイタリアンパセリを散らす。

生姜レベル ♨♨

トマトと生姜の冷製パスタ

食欲がないときも食べやすく、元気の出る一品。

●材料(2人分)
生姜コンフィチュール　大さじ2
トマト(小)　2個
モッツァレラチーズ　100g
A｜オリーブオイル　大さじ2
　｜レモン果汁　小さじ2
　｜塩、こしょう　各少々
カッペリーニ(乾)　80g
バジル　適量

●作り方
1 トマトはくし切り、モッツァレラチーズは約5mm幅に切る。
2 ボウルに生姜コンフィチュールとAを合わせ、1を加える。
3 カッペリーニを表示時間通りにゆで、氷水で急冷して水気をきる。2で和えて器に盛り、せん切りにしたバジルを散らし葉を飾る。

生姜レベル ♨♨

Café-Gohan

Chef's Point

ビーンズサラダは、作ってから少しおいたほうが、味がなじんでおいしくなります。食べる数時間前に作って冷蔵室に入れておきましょう。

サーモン&アボカド丼

頭の働きを高め、血液をサラサラにしてくれる。

● 材料(2人分)
生姜コンフィチュール　大さじ2
サーモン(刺身用)　100g
アボカド　1個
しょうゆ　大さじ2
レモン果汁　小さじ2
ごはん　茶碗2杯分
かいわれ大根　適量

● 作り方
1 サーモンは薄切りにする。アボカドは半分に切って種をとり、皮をむいて約7mm厚さに切る。
2 ボウルに生姜コンフィチュール、しょうゆ、レモン果汁を合わせる。
3 器にそれぞれごはんを盛り、上に**1**を交互に並べ、**2**をかける。かいわれ大根を添える。

生姜レベル ♨♨♨

ビーンズサラダ

食物繊維が豊富で、デトックスに効果大。

● 材料(2人分)
プレーンジンジャーシロップ　大さじ1
A｜オリーブオイル　小さじ½
　｜白ワインビネガー　小さじ2
　｜塩　小さじ½
　｜こしょう　少々
ミックスビーンズ(缶詰)　100g
イタリアンパセリ　適量

● 作り方
ボウルにプレーンジンジャーシロップとAを合わせ、ミックスビーンズと和えて器に盛る。粗く刻んだイタリアンパセリを散らす。

生姜レベル ♨

Café-Gohan

Chef's Point

やわらかいごはんが好みの人は、冷やごはんを使っても。**3**で野菜を炒めたあと、冷やごはん300gと牛乳を加え、弱火で野菜がしんなりするまで煮て調味。水と酒は使いません。

野菜たっぷりリゾット

だしは使わず野菜の旨みを生かしています。
野菜不足のモヤモヤを一気に解消しましょう。

○材料(2人分)
はちみつ生姜シロップ　大さじ1
はちみつ生姜シロップの生姜　3枚
まいたけ　30g
にんじん　30g
アスパラガス　2本
玉ねぎ　1/2個
ごぼう　30g
オリーブオイル　大さじ1
バター　10g
米　1合
酒　50ml
牛乳　300ml
水　300ml
塩、こしょう　各少々
粉チーズ　適量

○作り方
1 まいたけは半分の長さに切り、手でほぐす。にんじんは5mm角、アスパラガスは1cm長さ、玉ねぎは粗いみじん切りにする。ごぼうはささがきにして、酢水(分量外)にさらして水気をきる。
2 シロップの生姜はせん切りにする。
3 フライパンにオリーブオイルとバターを入れて熱し、**1**の野菜を炒める。しんなりしたら米を入れ透き通るまで炒め、はちみつ生姜シロップ、**2**の生姜、酒、牛乳、水は200mlを入れてひと煮立ちさせる。沸騰したら弱火で時々混ぜながら約20分煮る。
4 水分が減ってきたら水100mlを加え、米が好みの硬さになるまで混ぜながら煮る。水が足りないときは、途中で適量加える。
5 塩、こしょうで味を調え、器に盛って粉チーズを振る。

生姜レベル ♨♨

Café-Gohan

Chef's Point

パンはロールパンやイングリッシュマフィンなどでもOK。ドレッシングはP108の「はちみつジンジャードレッシング」を使ってもおいしくできます。

クリームチーズと生姜＆野菜のサンドイッチ

生姜とチーズが代謝をアップし、内臓脂肪を減少。食べても太りにくい体に。

●材料（2人分）
はちみつ生姜シロップ　小さじ1
はちみつ生姜シロップの生姜　6枚
くるみ　20g
A｜オリーブオイル　小さじ1
　｜レモン果汁　小さじ1
　｜塩、こしょう　各少々
ベビーリーフ　30g
ベーグル　2個
クリームチーズ　大さじ4
トマト（約5mm厚さの輪切り）　4枚
オリーブ（輪切り）　4個分

●作り方
1　フライパンでくるみをから煎りする。
2　ボウルにはちみつ生姜シロップとAを入れて混ぜ合わせる。
3　ベビーリーフと1のくるみを2のドレッシングで和える。
4　ベーグルを横半分に切り、下半分の切った面にクリームチーズ大さじ2をぬる。その上にトマト、シロップの生姜、オリーブ、3をそれぞれ半量ずつ順にのせ、ベーグルの上半分をかぶせ、器に盛る。同様にもうひとつ作る。

生姜レベル ♨♨♨

Café-Gohan

Chef's Point

トマトのグルタミン酸が旨みのベースになるので、完熟したものを使用しましょう。食べる前によく冷やすと、よりおいしくいただけます。

ガスパチョ

**トマトの赤色成分のリコピンはじめ
若返りの成分がいっぱい！**

●材料（2人分）
はちみつ生姜シロップ　50ml
はちみつ生姜シロップの生姜　5枚
トマト(中)　1個
赤パプリカ　1/6個
ピーマン　1/2個
玉ねぎ　20g
きゅうり　1/2本
トマトジュース(無塩)　200ml
バジル　3枚
塩、こしょう　各少々
オリーブオイル(エキストラバージン)　適量

●作り方
1 トマトは湯むきし、赤パプリカとピーマンは種をとり、ひと口大に切る。玉ねぎ、きゅうりはひと口大に切る。
2 オリーブオイル以外のすべての材料をミキサーにかけ、なめらかにする。
3 2を器に注ぎ、オリーブオイルをかける。

生姜レベル ♨♨♨♨♨

Café-Gohan

Chef's Point

タコライスのタコミートは、冷凍保存できます。まとめて作って1人分ずつラップし、ジッパー付き保存袋に入れて冷凍しておくと便利です。

タコライス

**肉と野菜をしっかりとって
ひと皿で充分なエネルギーをチャージ。**

●材料(2人分)
生姜コンフィチュール　大さじ1
玉ねぎ　1/2個
にんにく　1片
レタス　適量
トマト　1個
サラダ油　大さじ1/2
豚ひき肉　200g
トマト(カットトマト・缶詰)　3/4カップ
A｜チリパウダー　小さじ1
　｜レモン果汁　小さじ1/2
　｜塩　小さじ1/2
ごはん　茶碗2杯分
とろけるチーズ　適量
イタリアンパセリ　少々

●作り方
1 玉ねぎ、にんにくをみじん切りにする。レタスは粗いせん切り、トマトは1cm角に切る。
2 フライパンにサラダ油を入れて火にかけ、にんにくを香りが出るまで炒める。玉ねぎを加え、きつね色になるまで炒め、さらに豚ひき肉を入れて色が変わるまで炒める。
3 2に缶詰のトマトを入れ、水分を飛ばすように炒める。ひたひたになるまで水(分量外)を入れ、10分ほど煮込む。水分が飛んだら生姜コンフィチュール、Aを加え混ぜる。
4 器にごはんを盛り、上にレタスをのせ、**3**のタコミートをかける。その上にトマト、とろけるチーズをのせ、粗く刻んだイタリアンパセリを散らす。

生姜レベル ♣♣

Café-Gohan

Chef's Point

辛さは唐辛子の量で調整します。胃腸が弱い人は、控えめに使いましょう。

トムヤムクンスープ春雨

**酸っぱくて辛〜いのがクセになるおいしさ。
汗をかいたあとは、スッキリさわやかに。**

● 材料（2人分）
プレーンジンジャーシロップ　大さじ1½
えび　4尾
まいたけ　15g
トマト　½個
にら　2本
にんにく　¼片
サラダ油　大さじ¼
唐辛子（輪切り）　½本分
水　400mℓ
春雨　15g
A｜ナンプラー　小さじ1
　｜レモン果汁　大さじ1
　｜塩　小さじ¼
パクチー　適量

● 作り方
1　えびは殻をむき、背わたをとる。まいたけは手でほぐす。トマトは1cm角に、にらは5cm長さに切る。にんにくはみじん切りにする。
2　フライパンにサラダ油を入れて火にかけ、にんにく、唐辛子を入れ、香りが出るまで炒める。えびを加えて色が変わるまで炒め、まいたけ、トマトを入れて軽く炒める。
3　2に水を入れ、沸騰したら春雨を加えて弱火で約3分ゆでる。1のにらを入れ、サッと火を通す。
4　プレーンジンジャーシロップ、Aで味を調える。器に盛り、パクチーを飾る。

生姜レベル 🌶

Café-Gohan

Chef's Point

スイートチリソースの代わりに、はちみつ生姜シロップを使用しています。ライムをかけると、さわやかな風味に。

アジアンチキンライス

パクチーとライムの香りで南国気分に。
ストレスをやわらげ、食欲を高めます。

●材料（2人分）
はちみつ生姜シロップ　大さじ2
はちみつ生姜シロップの生姜　4枚
鶏もも肉　160g
玉ねぎ　1/2個
トマト　1個
しめじ　40g
にんにく　1片
サラダ油　大さじ2
唐辛子(輪切り)　小さじ1
ごはん　茶碗2杯分
塩、こしょう　各少々
ライム　1/3個
パクチー　適量

●作り方
1　鶏もも肉はひと口大に切る。玉ねぎはみじん切り、トマトはひと口大に切る。しめじは石づきを切り落とし、手でほぐす。シロップの生姜はせん切り、にんにくはみじん切りにする。
2　フライパンにサラダ油を入れて火にかけ、にんにく、唐辛子を入れて香りが出るまで炒める。
3　鶏もも肉を加えて炒め、焼き色がついたら1の玉ねぎ、トマト、しめじ、生姜を入れて炒め、火が通ったらごはんを加えて炒める。はちみつ生姜シロップ、塩、こしょうで調味する。
4　3を器に盛り、くし形に切ったライム、パクチーを添える。

生姜レベル ♨♨♨

Café-Gohan

ホワイトクリーム煮

シロップの甘さとコクが隠し味に。
キンキンに冷やした白ワインと一緒にどうぞ。

●材料(2人分)
はちみつ生姜シロップの生姜　2枚
エリンギ　1本
白身魚の切り身(鯛、たらなど)　2切れ
バター　大さじ1
白ワイン　大さじ1
生クリーム　大さじ4
粒マスタード　小さじ1
塩、こしょう　各少々
イタリアンパセリ　適量

●作り方
1 エリンギは縦に約5mm厚さに切り、シロップの生姜はみじん切りにする。白身魚に塩、こしょうを振る。
2 フライパンにバターを入れて火にかけ、バターが溶けたら1の白身魚とエリンギを並べて両面を色よく焼く。白ワインを注いでふたをし、弱火にかける。
3 白身魚に火が通ったらふたを開け、生クリームを加えて1〜2分弱火で加熱する。粒マスタード、1の生姜を加え、塩、こしょうで調味する。
4 器に3を盛り、イタリアンパセリを添える。

生姜レベル ▲

Café-Gohan

🍯 はちみつジンジャードレッシング
ピリ辛好きは生姜をプラス。

●材料(作りやすい量)
はちみつ生姜シロップ　大さじ2
はちみつ生姜シロップの生姜　6枚
りんご酢　大さじ2
レモン果汁　小さじ1
オリーブオイル　大さじ4
塩、黒こしょう　各少々

🧪 レモンジンジャードレッシング
焼いた白身魚やカルパッチョに。

●材料(作りやすい量)
プレーンジンジャーシロップ　大さじ2
生姜コンフィチュール　小さじ1
白ワインビネガー　小さじ4
レモン果汁、皮のすりおろし　各½個分
オリーブオイル
(エキストラバージン)　大さじ2
塩、黒こしょう　各少々

●作り方
ボウルにすべての材料を入れてよくかき混ぜる。

生姜レベル ♨

●作り方
ボウルにすべての材料を入れてよくかき混ぜる。

生姜レベル ♨

Chef's Point
P108-109のドレッシングとソースは、冷蔵室で約1週間保存できます。

玄米チャイナドレッシング
蒸し鶏や焼いた牛肉にも◎。

● 材料(作りやすい量)
玄米甘麹ジンジャーシロップ　大さじ2
黒酢　大さじ2
しょうゆ　大さじ2
ごま油　大さじ2
白ねぎ(みじん切り)　大さじ1
白煎りごま　適量
塩、こしょう　各少々

● 作り方
ボウルにすべての材料を入れてよくかき混ぜる。

生姜レベル ♨

バルサミコソース
肉や魚のソテーをフレンチ風に。

● 材料(作りやすい量)
はちみつ生姜シロップ　大さじ2
バルサミコ酢　100ml
オリーブオイル
(エキストラバージン)　50ml
塩、黒こしょう　各少々

● 作り方
1　鍋にバルサミコ酢を入れて火にかけ、半量まで煮詰めて粗熱をとる。
2　ボウルに1と残りの材料を入れてよくかき混ぜる。

生姜レベル ♨

Café-Gohan

フレッシュトマト入り スパイスソース

エスニック風の万能ソースです。
蒸し野菜や
ゆでたスパゲティとの相性もgood！

○材料(作りやすい量)
生姜コンフィチュール 小さじ1
はちみつ生姜シロップ 大さじ1
トマト 1個
玉ねぎ ¼個
パクチー 1枝
オリーブオイル 大さじ2
米酢 大さじ2
ナンプラー 大さじ1
ガラムマサラ 小さじ1
レモン果汁 小さじ1
塩、黒こしょう 各少々

○作り方
1 トマトを湯むきし、約2cm大に切る。玉ねぎとパクチーは粗いみじん切りにする。
2 ボウルに1と残りの材料を入れて軽く混ぜる。
＊生野菜を使っているので、その日のうちに使い切る。

生姜レベル ▲▲

Part 5

ステップアップ！生姜生活

銀座のジンジャーの人気シロップや開発秘話、
飲んで食べるだけじゃない生姜の活用法など、
知っておきたい情報がぎっしり。
充実の生姜生活をおくりましょう。

銀座のジンジャーのジンジャーシロップ

これまで開発されたジンジャーシロップは100種類以上！
そのなかから人気の定番フレーバーと特徴や使い方、
シロップの開発秘話を紹介します。

人気のフレーバーベスト10

1位 柚子 季節を問わず、不動の売れ筋1位。

2位 プレーン

3位 レモン

4位 ドライ

5位 いちご

6位 りんごはちみつ
7位 3つの柑橘(かんきつ)
8位 ブルーベリー
9位 マンゴー
10位 ピーチ

① ファンからのリクエストで通年商品に

●柚子ジンジャーシロップ

香りがよく飲みやすく、冷温どちらでもおいしいとの声多数。P34「柚子はちみつジンジャーエール」やP52「柚子ジンジャーティー」などは、柚子が手元にないときにも作れます。

② アレンジレシピにオールマイティーな1本

●プレーンジンジャーシロップ

この本で作り方を紹介しているきほんのレシピのひとつ「プレーンジンジャーシロップ」(P19)は、この商品を元に考案。洗練された味わいで、どのアレンジメニューにも代用できます。

③ さわやかさが魅力で幅広い層に人気

●レモンジンジャーシロップ

生姜との相性も抜群で、愛用者多数。P33「カルピスソルトジンジャーエール」をはじめ、レモン果汁が必要なレシピで活躍。

④ 生姜のヘビーユーザー納得の風味

●ドライジンジャーシロップ

プレーンジンジャーシロップの辛さでもの足りない人は、こちらをきほんの1本に。さらに高い生姜効果を期待する人にもおすすめです。

⑤ ラブリーな赤色が女性のハートをキャッチ

●いちごジンジャーシロップ

甘い香りも人気のポイント。ヨーグルトやスイーツのシロップにも。P36「いちごミルクジンジャー」は、牛乳を入れるだけで完成。

※順位は季節により、多少の変動があります。
りんごはちみつ、マンゴー、ピーチは季節商品のため、取り扱いのない時季もあります。

幻のジンジャーシロップ

初代「プレーンジンジャーシロップ」は、唐辛子がまるごと1本入ったインパクトの強い商品として発売。味もスパイシーで人気がありました。ところが、時間の経過とともに唐辛子の辛さが溶け出し、一般の人には飲めない辛さになってしまうことが判明。レシピ変更を余儀なくされ、幻のジンジャーシロップとなりました。

冬季限定から通年商品へ

「柚子ジンジャーシロップ」は、発売当初は柚子の季節である冬季限定商品でした。ところが、販売期間を過ぎた真夏になっても、「柚子はないの？」とファンからの問い合わせが殺到。その声にこたえる形で通年商品に。以来、常に売り上げトップのフレーバーとして君臨しています。

ジンジャーシロップ開発秘話

銀座のジンジャーの前身は、実はコンフィチュール専門店。フランス南東部プロヴァンス地方の自社工場で作った、様々な種類の果実を使ったコンフィチュールを販売していました。そしてコンフィチュールを使った新しいメニューとして考え出されたのが、ジンジャーエールで割ったドリンクです。

その後、よりおいしいジンジャードリンクを作れるようにと考案されたのが今の形のシロップ。

ジンジャーシロップは元々、コンフィチュールを売るためのツールとして開発された副産物だったというわけです。

銀座のジンジャーのスタッフが語る

お気に入りシロップと楽しみ方

ジンジャーシロップへの愛なら誰にも負けないスタッフが、お気に入りのフレーバーと様々な楽しみ方を披露します。

◉簡単アレンジで、いただきます！
★いちご／いちごミルクがお気に入り。子どもと一緒に飲んでいます。(金沢フォーラス店・北村さん)
★レモン、柚子／友人が家に来たときに、ビールで割ってビアカクテルを作って喜ばれています。(商品企画室・池田さん)
★赤ワイン (年末年始限定)／お湯割りでHOTワイン風にして楽しめます。(銀座本店・澤田さん)
★りんごはちみつ (秋冬の定番)／生姜があまり得意でないときから、お湯や水で割って飲んでいました。(グランスタ店・橋本さん)

◉朝食、おやつにかかせません
★ベリーベリー (春の定番)／ヨーグルトと混ぜてからシリアルにかけるとおいしいです。(スカイツリータウン店・宇田川さん)
★柚子／グリーンスムージーにプラスしています。(商品企画室・折坂さん)
★黒糖／抹茶ムース＋白玉＋生クリームにかけて和風パフェ風に。(物流部・村田さん)
★北海道ミルク (冬の定番)／バタートーストにかけます。飲むときはお湯割りにするのが好き。(銀座三越店・斎藤さん)
★北海道ミルク (冬の定番)／お湯割り、紅茶割りもいいけれど、シャーベット系のカップアイスにかけるとおいしいです。(物流部・猪又さん)

◉もはや常備薬？ こんな使い方も
★柚子、ラ・フランス (秋冬の定番) ほか／電車や人、何にでも酔いやすく、そんなとき、お湯や炭酸で割って飲むとスッキリします。(通販ショップ・江曽さん)
★柚子／風邪の前兆があるときに、お湯で割って葛根湯と一緒に飲むと、治りが早い気がします。(物流部・長崎さん)
★エクストラドライ (夏・冬の定番)／疲れたときには、栄養ドリンクで割って気合を入れます！(ぶどうの木・北村さん)

生姜パワー活用法

古くから薬効が認められている生姜の成分。
飲んで食べるだけではなく、
生姜パワーを全身で活用する方法を紹介します。

冷え症やむくみ改善、美肌作りにも

生姜風呂

　生姜の発汗作用や保温効果は、お風呂に入れても有効です。溶け出した成分が肌から吸収されると、体が温まって血行がよくなり、冷え症が改善。汗が出て新陳代謝がアップすれば、むくみが解消され、肌の調子も整います。

● 生姜風呂の入り方

1 生姜約80gを皮付きのままよく洗い、薄切りにするかすりおろす。
2 1をガーゼに包んで口をしっかり縛る。40℃くらいの湯船に、入浴の10〜15分前に浮かべる。
※肌の弱い人は、生姜の量を少なめに調整しましょう。

肩こりや腰痛、つらい咳を緩和

生姜湿布

　日本では古くから、民間療法として利用されてきた方法です。生姜の成分を含ませたタオルを、肩こりや腰痛、筋肉痛、関節痛などの患部にあてることで、血行をよくして痛みをやわらげます。咳が出てつらいときは、胸にあてると症状が緩和されます。

● 生姜湿布の方法

1 生姜約150gを皮付きのままよく洗い、すりおろす。
2 1をガーゼに包んで口をひもなどで縛り、大きめの鍋に約2ℓの水と一緒に入れて火にかけ、約70℃に加熱する。
3 2にタオルを浸してから絞る(熱いときはゴム手袋を使用)。湿布をしたい場所に合わせて畳んで患部にあてる(熱いときは我慢せず、少し冷ましてからあてる)。保温のため、その上からバスタオルをかける。
4 タオルが冷めたら約70℃の生姜湯に再びタオルを浸し、患部にあてる。それを2〜3回繰り返す。
※湿布のあとは生姜の成分が浸透中のため、1〜2時間は入浴を避けます。

虫刺されのかゆみ止めに

生姜オイル

　生姜汁とごま油を混ぜ合わせた生姜オイルは、虫刺されによるかゆみ止めに使われてきた民間療法です。ねんざなどで熱をもってしまった患部にも効果的です。

● 生姜オイルの作り方

1 生姜適量を皮付きのままよく洗い、すりおろして汁を絞る。
2 1の生姜汁と同量のごま油を容器に入れて混ぜ合わせる。
3 2の生姜オイルを患部に直接すり込むようにぬる。
※肌が弱い人は、肌の調子をみながらごく少量ずつ利用しましょう。

生姜の豆知識

生姜とより深く付き合っていくために、
知っておきたい生姜にまつわる歴史や祭り、
名前の由来などを紹介します。

生姜の歴史

♣平安時代には薬として栽培

　生姜は、インドからマレー半島一帯のアジア南部が原産地です。生姜の薬効は紀元前から注目され、食用や薬用に利用されていました。インドの伝統的医学アーユルヴェーダでも、病気の予防や治療に使われていた記述が残っています。

　日本では、3世紀ごろに書かれた『魏志倭人伝』に、生姜が自生していたという記録が残っていますが、当時はまだあまり食べる習慣はなかったようです。

　その後次第に薬効が注目され、薬として使われはじめました。平安時代の『延喜式』という書物には、生姜の栽培法や保存法が記されています。

♣庶民の間に広まった江戸時代

　庶民が食用に利用するようになったのは、江戸時代に入ってから。薬物についての知識をまとめた書物には、生姜を梅の実やしその葉と一緒に塩漬けにして食べたり、乾かして旅に持って行き、薬として服用していた様子が書かれています。

　また、強い辛みと薬効から、魔除けや厄除けのアイテムとしても注目され、各地の神社では生姜市が開かれるようになりました。

栽培も盛んに行なわれるようになり、江戸っ子の間で初物を競って食べるのがブームとなると、生姜も促成栽培で早出し出荷されるようになりました。幕府は贅沢を戒めるため、たびたび早出し禁止令を出して出荷統制を行ないましたが、粋を愛する江戸っ子たちにはなかなか守られなかったようです。

ジンジャーブレッド誕生秘話

♣ペストの感染予防のため王が発案

　生姜の薬効は、世界各地にも広まり、利用されてきました。イギリスのロンドンでは、14世紀にペストが大流行し、多くの人が犠牲となりました。そのときに、普段から生姜を食べていた人が生き残ったといわれ、16世紀に王位についたヘンリー８世は、ロンドン市長に生姜入りのパンを作ることを命じました。それが、イギリスの伝統菓子として有名な「ジンジャーブレッド」のはじまりといわれています。

　人の形に焼いたクッキー「ジンジャーブレッドマン」のはじまりには諸説ありますが、ヘンリー８世の太ってお腹が出た姿をモデルに作られたともいわれています。

名前の由来

♣「生姜」の呼び名は室町時代に定着

　生姜の古名は、山椒と同じ「はじかみ」です。山椒の実がはじけることからついた名といわれています。日本では在来種である山椒のほうがよく知られており、どちらも辛み成分が強いため、渡来した生姜も同じ名で呼ばれたと考えられています。

　その後香りも薬効も異なる生姜は、山椒と区別するために「くれのはじかみ」「くさはじかみ」「はじかみ生姜」などと呼ばれるようになっていきました。「くれのはじかみ」という名は、中国の呉から渡来したことが由来で、「生姜」と呼ばれるようになったのは室町時代のころです。

各地の生姜祭り

♣ 生姜市を今に伝える「生姜祭り」

　江戸時代に魔除けや厄除けとして開かれていた生姜市を、今も体験できるお祭りがあります。

　ひとつは東京都あきる野市の「二宮神社」で毎年9月8、9日に行なわれる秋の例大祭。別名「生姜祭り」と呼ばれ、生姜市が立ち、葉生姜の束が山積みにして売られます。

　昔この地に疫病が流行ったとき、神前に供えられた生姜を食べるとたちどころによくなった、ということからはじまったお祭りだそうです。

もうひとつは、東京都港区「芝大神宮」の秋祭りで、毎年９月半ばごろに行なわれます。江戸時代に周辺の畑で栽培されていた生姜が並ぶ市が開かれ、縁起物として販売され、今も伝統が受け継がれています。
　そのほか、熊本県八代市の東陽町では、1975年から生姜の収穫を祝うための「東陽生姜祭り」が開催されています。

生姜の神社

♣日本唯一の生姜をまつるジンジャー神社

　石川県金沢市にある「波自加彌神社」は、生姜、山椒、わさびなどの香辛料の神をまつる、日本で唯一の神社です。生姜の薬効から、医薬の守り神としても崇められています。
　奈良時代より毎年６月15日には、「はじかみ祭り」（別名「生姜祭り」）が行なわれ、江戸時代には加賀や能登周辺の料理屋の主人や医師、薬屋がこぞって参列したといわれています。
　現在は、生姜の栽培・加工業者、スパイスや食品加工業者、料理店主、調理師などが全国から献上品とともに参拝。祭典では、神前でお清めした生姜湯がふるまわれるほか、様々な催しが開かれ、多くの人で賑わいます。銀座のジンジャースタッフも、毎年参列しています。
　最近は「ジンジャー神社」とも呼ばれ、親しまれているようです。

食材 INDEX

野菜、ハーブ

● アスパラガス
野菜たっぷりリゾット 94
● イタリアンパセリ
ビーンズサラダ 92
ホワイトクリーム煮 106
● エリンギ
ホワイトクリーム煮 106
● かいわれ大根
サーモン＆アボカド丼 92
● かぼちゃ
パンプキンサラダ 90
● きゅうり
ガスパチョ 98
● ごぼう
野菜たっぷりリゾット 94
● 小松菜
グリーン野菜とミントスムージー 46
● しめじ
アジアンチキンライス 104
● 白ねぎ
玄米チャイナドレッシング 109
● セロリ
白のはちみつ生姜スムージー 44
● 玉ねぎ
野菜たっぷりリゾット 94
ガスパチョ 98
タコライス 100
アジアンチキンライス 104
フレッシュトマト入りスパイスソース 110
● トマト
トマトとパプリカのレッドスムージー 47
トマトと生姜の冷製パスタ 90
クリームチーズと生姜＆野菜のサンドイッチ 96
ガスパチョ 98
タコライス 100
トムヤムクンスープ春雨 102
アジアンチキンライス 104
フレッシュトマト入りスパイスソース 110
● にら
トムヤムクンスープ春雨 102
● にんじん
野菜たっぷりリゾット 94
● にんにく
タコライス 100
トムヤムクンスープ春雨 102
アジアンチキンライス 104
● パクチー
トムヤムクンスープ春雨 102
アジアンチキンライス 104
フレッシュトマト入りスパイスソース 110
● バジル
トマトと生姜の冷製パスタ 90

ガスパチョ 98
● パセリ
グリーン野菜とミントスムージー 46
● パプリカ
トマトとパプリカのレッドスムージー 47
ガスパチョ 98
● ピーマン
ガスパチョ 98
● ベビーリーフ
クリームチーズと生姜＆野菜のサンドイッチ 96
● まいたけ
野菜たっぷりリゾット 94
トムヤムクンスープ春雨 102
● ミント
ミントジンジャーエール 33
アジアンジンジャーエール 35
グリーン野菜とミントスムージー 46
ミントとレモンバームのジンジャーティー 53
シトラスジンジャーモヒート 67
● レタス
タコライス 100
● レモンバーム
ミントとレモンバームのジンジャーティー 53
● レンコン
蓮と白玉のジンジャーシロップ 84

フルーツ

● アボカド
アボカド玄米ソイスムージー 42
サーモン＆アボカド丼 92
● いちご
いちごミルクジンジャー 36
米粉のジンジャーパンケーキ 76
● オレンジ
シトラスジンジャーソーダ 37
フルーツジンジャースムージー 43
シトラスジンジャーモヒート 67
ジンジャーヴァンショー 68
オレンジパンナコッタ 74
● キウイ
キウイ＆ビネガーソーダ 38
● グレープフルーツ
シトラスジンジャーソーダ 37
グリーン野菜とミントスムージー 46
トマトとパプリカのレッドスムージー 47
● バナナ
アサイーフローズン 41
アボカド玄米ソイスムージー 42
フルーツジンジャースムージー 43
白のはちみつ生姜スムージー 44
グリーン野菜とミントスムージー 46
● ブルーベリー
米粉のジンジャーパンケーキ 76
● マンゴー
マンゴーココナッツフローズン 40
マンゴーラッシージンジャー 51

○ミックスベリー
ベリーベリーヨーグルトスムージー 45
○柚子
柚子ジンジャーティー 52
○ライチ
アジアンジンジャーエール 35
○ライム
ミントジンジャーエール 33
ジンジャースプリッツァー 64
シトラスジンジャーモヒート 67
アジアンチキンライス 104
○ラズベリー
ラズベリーヨーグルトソルベ 71
米粉のジンジャーパンケーキ 76
○りんご
白のはちみつ生姜スムージー 44
りんごはちみつジンジャーティー 56
○レモン
生姜コンフィチュール 28
ジンジャーエール 32
カルピスソルトジンジャーエール 33
柚子はちみつジンジャーエール 34
アジアンジンジャーエール 35
シトラスジンジャーソーダ 37
ピーチネクタージンジャーソーダ 39
アサイーフローズン 41
アボカド玄米ソイスムージー 42
りんごはちみつジンジャーティー 56
ハニージンジャーハイボール 65
レモンシャンディーガフ 66
シトラスジンジャーモヒート 67
トマトと生姜の冷製パスタ 90
サーモン&アボカド丼 92
クリームチーズと生姜&野菜のサンドイッチ 96
タコライス 100
トムヤムクンスープ春雨 102
はちみつジンジャードレッシング 108
レモンジンジャードレッシング 108
フレッシュトマト入りスパイスソース 110

肉・肉加工品
○鶏もも肉
アジアンチキンライス 104
○豚ひき肉
タコライス 100
○ベーコン
パンプキンサラダ 90

魚介類
○えび
トムヤムクンスープ春雨 102
○サーモン
サーモン&アボカド丼 92
○白身魚
ホワイトクリーム煮 106

卵
○卵
ジンジャーミルクセーキ 63
米粉のジンジャーパンケーキ 76
ジンジャープリン 80
ジンジャーブラウニー 82

缶詰
○赤えんどう豆
ジンジャー豆かん 86
○トマト
タコライス 100
○白桃
ピーチネクタージンジャーソーダ 39
フルーツジンジャースムージー 43
○ミックスビーンズ
ビーンズサラダ 92

大豆製品
○きな粉
黒ごまきな粉ソイジンジャー 60
○豆乳
アボカド玄米ソイスムージー 42
玄米ソイジンジャー 48
チャイ風ソイラテ 49
黒ごまきな粉ソイジンジャー 60
ソイショコラジンジャー 62
○木綿豆腐
白のはちみつ生姜スムージー 44

乳製品
○牛乳
いちごミルクジンジャー 36
マンゴーココナッツフローズン 40
フルーツジンジャースムージー 43
白のはちみつ生姜スムージー 44
ベリーベリーヨーグルトスムージー 45
カフェモカミルク 50
マンゴーラッシージンジャー 51
キャラメルジンジャーカフェオレ 61
ジンジャーミルクセーキ 63
オレンジパンナコッタ 74
米粉のジンジャーパンケーキ 76
ジンジャープリン 80
ジンジャーブラウニー 82
野菜たっぷりリゾット 94
○クリームチーズ
クリームチーズと生姜&野菜のサンドイッチ 96
○粉チーズ
野菜たっぷりリゾット 94
○とろけるチーズ
タコライス 100
○生クリーム
オレンジパンナコッタ 74
ホワイトクリーム煮 106

●モッツアレラチーズ
トマトと生姜の冷製パスタ　90
●ヨーグルト
ベリーベリーヨーグルトスムージー　45
マンゴーラッシージンジャー　51
ラズベリーヨーグルトソルベ　71

ごはん、パン、麺類
●玄米ごはん
玄米甘麹ジンジャーシロップ　22
●ごはん
サーモン＆アボカド丼　92
タコライス　100
アジアンチキンライス　104
●米
野菜たっぷりリゾット　94
●パスタ(カッペリーニ)
トマトと生姜の冷製パスタ　90
●ブリオッシュ
ジンジャー・トロペジェンヌ　70
●ベーグル
クリームチーズと生姜＆野菜のサンドイッチ　96

飲み物
●赤ワイン
ジンジャーヴァンショー　68
●アサイージュース
アサイーフローズン　41
●ウイスキー
ハニージンジャーハイボール　65
●オレンジジュース
オレンジジンジャーティー　55
●カルピス
カルピスソルトジンジャーエール　33
●紅茶
チャイ風ソイラテ　49
オレンジジンジャーティー　55
スターアニスジンジャーティー　57
●コーヒー
カフェモカミルク　50
キャラメルジンジャーカフェオレ　61
●ココア
ソイショコラジンジャー　62
●ココナッツミルク
マンゴーココナッツフローズン　40
●白ワイン
ジンジャースプリッツァー　64
ホワイトクリーム煮　106
●炭酸水
ジンジャーエール　32
ミントジンジャーエール　33
カルピスソルトジンジャーエール　33
柚子はちみつジンジャーエール　34
バルサミコ酢ジンジャーエール　35
アジアンジンジャーエール　35
シトラスジンジャーソーダ　37

キウイ＆ビネガーソーダ　38
ピーチネクタージンジャーソーダ　39
ジンジャースプリッツァー　64
ハニージンジャーハイボール　65
レモンシャンディーガフ　66
シトラスジンジャーモヒート　67
●トマトジュース
ガスパチョ　98
●ビール
レモンシャンディーガフ　66
●ホワイトラム酒
シトラスジンジャーモヒート　67
●緑茶
ジンジャーはちみつ梅緑茶　59
●ローズヒップティー
ローズヒップジンジャーティー　54

きほんのシロップ、コンフィチュール
●玄米甘麹ジンジャーシロップ
玄米甘麹ホットジンジャー　24
アボカド玄米ソイスムージー　42
玄米ソイジンジャー　48
葛玄米ジンジャーティー　58
玄米チャイナドレッシング　109
●生姜コンフィチュール
マンゴーココナッツフローズン　40
フルーツジンジャースムージー　43
ジンジャー・トロペジェンヌ　70
米粉のジンジャーパンケーキ　76
ジンジャーブラウニー　82
パンプキンサラダ　90
トマトと生姜の冷製パスタ　90
サーモン＆アボカド丼　92
タコライス　100
レモンジンジャードレッシング　108
フレッシュトマト入りスパイスソース　110
●はちみつ生姜シロップ
柚子はちみつジンジャーエール　34
アサイーフローズン　41
白のはちみつ生姜スムージー　44
グリーン野菜とミントスムージー　46
マンゴーラッシージンジャー　51
ローズヒップジンジャーティー　54
りんごはちみつジンジャーティー　56
ジンジャーはちみつ梅緑茶　59
黒ごまきな粉ソイジンジャー　60
ハニージンジャーハイボール　65
ベリーとナッツのジンジャーグラノーラ　72
ジンジャープリン　80
蓮と白玉のジンジャーシロップ　84
野菜たっぷりリゾット　94
クリームチーズと生姜＆野菜のサンドイッチ　96
ガスパチョ　98
アジアンチキンライス　104
ホワイトクリーム煮　106
はちみつジンジャードレッシング　108

バルサミコソース　109
フレッシュトマト入りスパイスソース　110
●プレーンジンジャーシロップ
ジンジャージュース　20
玄米甘麹ジンジャーシロップ　22
ジンジャーエール　32
ミントジンジャーエール　33
カルピスソルトジンジャーエール　33
バルサミコ酢ジンジャーエール　35
アジアンジンジャーエール　35
いちごミルクジンジャー　36
シトラスジンジャーソーダ　37
キウイ＆ビネガーソーダ　38
ピーチネクタージンジャーソーダ　39
マンゴーココナッツフローズン　40
ベリーベリーヨーグルトスムージー　45
トマトとパプリカのレッドスムージー　47
チャイ風ソイラテ　49
カフェモカミルク　50
柚子ジンジャーティー　52
ミントとレモンバームのジンジャーティー　53
オレンジジンジャーティー　55
スターアニスジンジャーティー　57
キャラメルジンジャーカフェオレ　61
ソイショコラジンジャー　62
ジンジャーミルクセーキ　63
ジンジャースプリッツァー　64
レモンシャンディーガフ　66
シトラスジンジャーモヒート　67
ジンジャーヴァンショー　68
ジンジャー・トロペジェンヌ　70
ラズベリーヨーグルトソルベ　71
オレンジパンナコッタ　74
ジンジャークッキー　78
蓮と白玉のジンジャーシロップ　84
ジンジャー豆かん　86
ビーンズサラダ　92
トムヤムクンスープ春雨　102
レモンジンジャードレッシング　108

その他（乾物、調味料など）

●アーモンド
ベリーとナッツのジンジャーグラノーラ　72
●梅干し
ジンジャーはちみつ梅緑茶　59
●オーツ麦(オートミール)
ベリーとナッツのジンジャーグラノーラ　72
●オリーブ
クリームチーズと生姜＆野菜のサンドイッチ　96
●カシューナッツ
ベリーとナッツのジンジャーグラノーラ　72
パンプキンサラダ　90
●キャラメル
キャラメルジンジャーカフェオレ　61
●クコの実
蓮と白玉のジンジャーシロップ　84

●葛粉
葛玄米ジンジャーティー　58
●くるみ
ベリーとナッツのジンジャーグラノーラ　72
ジンジャーブラウニー　82
クリームチーズと生姜＆野菜のサンドイッチ　96
●クローブ
プレーンジンジャーシロップ　18
●黒酢
玄米チャイナドレッシング　109
●黒すりごま
黒ごまきな粉ソイジンジャー　60
●ココナッツファイン
ベリーとナッツのジンジャーグラノーラ　72
●米麹
玄米甘麹ジンジャーシロップ　22
●米酢
フレッシュトマト入りスパイスソース　110
●シナモン
プレーンジンジャーシロップ　18
ジンジャーヴァンショー　68
●白煎りごま
玄米チャイナドレッシング　109
●白ワインビネガー
ビーンズサラダ　92
レモンジンジャードレッシング　108
●スターアニス
プレーンジンジャーシロップ　18
スターアニスジンジャーティー　57
●チョコレート
カフェモカミルク　50
ジンジャーブラウニー　82
●ドライいちじく
ベリーとナッツのジンジャーグラノーラ　72
●ドライクランベリー
ベリーとナッツのジンジャーグラノーラ　72
●ドライブルーベリー
ベリーとナッツのジンジャーグラノーラ　72
●バジルシード
アジアンジンジャーエール　35
●はちみつ
はちみつ生姜シロップ　26
●バルサミコ酢
バルサミコ酢ジンジャーエール　35
バルサミコソース　109
●春雨
トムヤムクンスープ春雨　102
●パンプキンシード
ベリーとナッツのジンジャーグラノーラ　72
●柚子ジャム
柚子はちみつジンジャーエール　34
●りんご酢
キウイ＆ビネガーソーダ　38
はちみつジンジャードレッシング　108

125

銀座のジンジャー

金沢の広大なぶどう農園を本拠地に、レストラン、カフェ、洋菓子工房を運営する「株式会社ぶどうの木」が開発した、ジンジャーシロップの専門店。
ホットにもアイスにも合うように考案されたジンジャーシロップは、唐辛子、こしょう、レモングラス、シナモンなどの風味がバランスよく調和したプロならではのレシピで作られており、定番のほか、様々なフルーツフレーバーを中心に、玄米や黒糖など体思いの素材を使用したり、季節感を大切にする100種類以上のラインナップで、美と健康を意識する人たちに人気となっている。
銀座本店２階のカフェでは、シロップを使ったドリンクメニューのほか、専門店ならではの生姜のスイーツやフードも楽しめる。

銀座のジンジャーオンラインショップ
http://www.cep-shop.co.jp/

SHOP DATA

銀座本店
〒104-0061 東京都中央区銀座1-4-3
TEL03-3538-5011

東京駅グランスタダイニング店
〒100-0005 東京都千代田区丸の内1-9-1
JR東京駅改札内１Fノースコート　グランスタダイニング
TEL03-5223-1300

東京スカイツリータウン・ソラマチ店
〒131-0045 東京都墨田区押上1-1-2
東京スカイツリータウン・ソラマチ２F
TEL03-5610-2694

金沢フォーラス店
〒920-0849 石川県金沢市堀川新町3-1
金沢フォーラス店内１F
TEL076-265-8281

銀座三越店
〒104-0061 東京都中央区銀座4-6-16
銀座三越 B2F 銀座フードガーデン
TEL03-3535-1951

構成・文　小宮千寿子
ブックデザイン　縄田智子　L'espace
本文イラスト　若山美樹　L'espace

レシピ・料理制作　前田博之
　　　　　　　　　大湯純一
料理制作　高島伸生
料理アシスタント　福島大悟
撮影　林 大樹
スタイリング協力　田中雄次郎
取材協力　池田 薫
　　　　　銀座のジンジャースタッフの皆様
企画協力　(株)ぶどうの木
撮影協力　(株)マルカ食器
　　　　　UTUWA

Special thanks　本 昌康

体(からだ)ポカポカ、頭(あたま)スッキリ！

銀座(ぎんざ)のジンジャーからうまれた
生姜(しょうが)ドリンク&カフェレシピ77

2014年7月30日　第1刷発行

著　者　銀座(ぎんざ)のジンジャー
発行人　服部　秀
発行所　株式会社 ホーム社
　　　　〒101-0051 東京都千代田区神田神保町3-29共同ビル
　　　　電話[編集]03-5211-2966
発売元　株式会社 集英社
　　　　〒101-8050 東京都千代田区一ツ橋2-5-10
　　　　電話[販売]03-3230-6393　[読者係]03-3230-6080
印刷所　大日本印刷株式会社
製本所　ナショナル製本協同組合

◇定価はカバーに表示してあります。
◇造本には十分注意しておりますが、乱丁・落丁(本のページ順序の間違いや抜け落ち)の場合はお取り替え致します。購入された書店名を明記して集英社読者係宛にお送り下さい。送料は集英社負担でお取り替え致します。但し、古書店で購入したものについてはお取り替えできません。
◇本書の一部あるいは全部を無断で複写・複製することは、法律で認められた場合を除き、著作権の侵害となります。また、業者など、読者本人以外による本書のデジタル化は、いかなる場合でも一切認められませんのでご注意下さい。

© 2014 Ginza no ginger, Printed in Japan
ISBN 978-4-8342-5199-9　C0077